Heide Geiss

Glücksorte am Gardasee

Fahr hin & werd glücklich

D

Dieses

Glücksbuch

ist für

Liebe Glücksuchende,

80 Glücksorte um den zauberhaften Gardasee auszusuchen war für mich eine spannende und interessante Herausforderung! Diese herrliche Gegend ist so reich an wundervollen Plätzen – eine Auswahl war wirklich nicht einfach.
Entstanden ist eine unterhaltsame Mischung aus stimmungsvollen und traditionsreichen Glücksorten, von denen jeder einzelne einen Besuch wert ist – versprochen! Der Lago versteht es bestens, mit allen Sinnen zu verführen. Er strahlt eine unwahrscheinliche Magie aus, der man sich einfach nicht entziehen kann, und lockt mit lässigem „Dolce vita" sowie purer Lebensfreude. Aber auch mit unzähligen einmalig schönen Sehenswürdigkeiten, köstlichen regionalen Spezialitäten, unvergesslichen Panoramaaussichten, grandioser Historie und neuen, verrückten Ideen.
Ich wünsche recht viel Spaß beim Entdecken und Genießen meiner ganz persönlichen Glücksorte in meiner absoluten Lieblingsgegend, dem Urlaubsparadies Lago di Garda!
A presto sul Lago di Garda e tanti saluti!
(Bis bald am Gardasee und viele Grüße)

Ihre Heide Geiss

GLÜCK

Deine Glücksorte ...

… noch mehr Glück für dich

Benvenuti sul Lago di Garda

1 Aussichtsplatz an der SS 240 Richtung Torbole

Vorfreude ist bekanntlich die schönste Freude, das gilt auch für den Urlaub am Gardasee – und sie beginnt bereits bei der Anreise. Das Autoradio spielt plötzlich italienische Musik, der Verkehr erscheint irgendwie chaotischer, unbeschreibliche Glücksgefühle breiten sich langsam aus, und die eigene Spannung steigt. Ausfahrt „Rovereto sud/Lago di Garda nord" heißt es für alle, die im nördlichen Teil des Sees ihre Ferien verbringen möchten. Nix wie runter von der Autobahn und rauf auf die Verbindungsstraße SS 240. Sie führt über Nago nach Torbole und Riva del Garda. Dann gelangt man endlich zum ersten Highlight seiner ganz persönlichen „italienischen Reise".

Dieser auf den ersten Blick unscheinbare Glücksort, ein kleiner Parkplatz, liegt oberhalb von Torbole, unmittelbar an der Straße, rechts von einer scharfen Linkskehre. Schnell das Auto geparkt, und dann kommen pure Glücksgefühle auf! Vom Rand des Parkplatzes bietet sich ein absolut spektakulärer Ausblick auf den wesentlich tiefer liegenden See – die erste und gleich sensationelle Begegnung mit dem herrlichen Lago. Der Blick fällt von der Anhöhe aus auf das Örtchen Torbole, flankiert von steilen, massiven Felswänden und dem grünen Mündungsdelta des Flusses Sarca. Bei optimalen Wetterverhältnissen sieht man im Westen sogar noch Limone und an der Ostseite des Sees Malcesine. Man erkennt, wie die rund 80 Kilometer lange, träge Sarca in den Gardasee mündet. Damit hat sie es nach der Kraftanstrengung von 1.700 Metern Höhenunterschied endlich geschafft. Sein Reiseziel endlich erreicht hat auch der Betrachter dieser postkartenreifen Panoramasicht. Den berühmten Schriftsteller Goethe erfüllte dieser grandiose Seeblick ebenfalls mit tiefen Glücksgefühlen: „Wie sehr wünschte ich meine Freunde einen Augenblick neben mich, dass sie sich der Aussicht freuen könnten, die vor mir liegt. Heute Abend hätte ich können in Verona sein, aber es lag mir noch eine herrliche Naturwirkung an der Seite, ein köstliches Schauspiel, der Gardasee!" Dem ist nichts hinzuzufügen!

TIPP

Das Sarcatal im Norden des Sees lädt zu vielen Sehenswürdigkeiten und schönen Wanderungen ein.

● Kleiner Parkplatz an der Verbindungsstraße SS 240 Richtung Torbole

Vom See auf den Teller

2 Ristorante La Terrazza in Torbole

Eine große Portion Mut und gutes Durchhaltevermögen benötigte Ivo Miorelli, um 1991 sein Fischrestaurant La Terrazza in Torbole zu eröffnen. Mut deshalb, weil er damals weit und breit der Einzige war, inmitten der Hochburg von „Würstl con Krauti“ den Schritt zu einem klassischen italienischen Speiselokal zu wagen. Durchhalten war notwendig, denn die hervorragende Speisenqualität musste sich in den Anfangsjahren erst herumsprechen. Da die alteingesessene Fischerfamilie eines der raren Fischrechte für den Lago besitzt, hat man sich hier auf traditionelle Fischgerichte spezialisiert. Die meisten angebotenen Fische stammen aus dem Gardasee – frischer geht es nicht! Einige der Rezepte sind noch von der Nonna (Großmutter) überliefert und wurden lediglich etwas der Moderne angepasst.

TIPP
Surfbretter verleiht das Vasco Renna Windsurf Center (Parco della Pavese 9) in Torbole.

Ausgangspunkt für die kulinarische Reise mit abwechslungsreichen Aromen und spannenden Düften des Gardasees ist die überdachte Terrasse, Namenspatin des Lokals. Unmittelbar am Lago gelegen beeindruckt von hier aus die Sicht auf die massiven Felswände des Monte Baldo. Wäre Goethe hier Gast gewesen, hätte ihn dieser grandiose Ausblick vielleicht zu weiteren Tagebuchaufzeichnungen inspiriert, wer weiß! Zu den fangfrischen Spezialitäten zählen u. a. „Sisàm alla Torbolana“, eine kleine Fischart, sauer eingelegt und mit Polenta serviert. Hervorragend auch das „Carpaccio di lavarello“ (Renkenart). Um möglichst zahlreiche Aromen und viele Geschmacksnuancen zu genießen, wählt man die „Antipasto di lago“ aus, eine Vorspeisenplatte mit verschiedenen Fischspezialitäten aus dem Lago. Weitere traditionelle Hausgerichte sind das „Bigoli alla Torbolana“, Pasta mit einer Art Sardellenpaste und die Bällchen vom Döbelfisch (Karpfenart). Konvenierende Weine aus dem gut sortierten Weinkeller machen das gustatorische Glückserlebnis perfekt. Die einmalig schöne Seelage, regionale Fischspezialitäten, stimmige Atmosphäre und der freundliche, umsorgende Service – das genau sind die passenden Zutaten für einen wundervollen glücklichen Abend. Perfetto!

- Ristorante La Terrazza, Via Benaco 24, 38069 Torbole, Tel. +39 4 64 50 60 83
www.allaterrazza.com
- ÖPNV: Bus 3, 183, 184

Roter Teppich für alle

3

Lungolago, Seepromenade in Garda

Das italienische Wort „Lungolago" bedeutet ganz allgemein: Seepromenade. Das klingt erst einmal nicht schlecht, wird aber in keiner Weise dem gerecht, was die Besucher des Lungolago in Garda erwartet. Denn dieser Strandweg, fraglos einer der schönsten des ganzen Sees, ist wie eine ganz große Bühne. Ein „Who is who" des Ortes. Sehen und gesehen werden. Wie Schaulaufen auf dem roten Teppich. Ein grandioses Schauspiel, das jeden Abend aufs Neue aufgeführt wird und die Protagonisten jeden Abend glücklich macht. „Facciamo un giro", sagt der Italiener, wenn er einen Spaziergang machen möchte. Damit gemeint ist Lustwandeln und Genießen. Man trifft sich mit Freunden, plaudert über dies und das und schlendert entspannt die Promenade entlang. Der herrliche Uferweg in Garda bietet hierfür reichlich Raum und Gelegenheit. Man genießt den traumhaften Blick auf den Lago, lauscht dem Plätschern der Wellen oder bewundert die bunten Fischerboote, die ungeduldig darauf warten, wieder auslaufen zu dürfen. Genauso wunderbar: von einer Bank oder vor einer der zahlreichen Bars das rege Treiben um sich herum zu beobachten. Sehr romantisch ist ein Spaziergang am Abend, wenn die alten Herrschaftshäuser am Lungolago in mystisches Licht getaucht werden und geheimnisvoll erstrahlen. Wem der Sinn weniger nach Romantik, dafür mehr nach aktivem Urlaub steht, kann auch am Tage entlang der gut befestigten Uferpromenade wandern oder diese mit dem Fahrrad entdecken. Eine Strecke von insgesamt 10 Kilometern, die von Garda aus über Bardolino bis nach Lazise führt. Badesachen nicht vergessen, denn es geht an atemberaubenden Stränden vorbei! Shopping-Queens zieht es am Freitag wie magnetisch auf den Boulevard, dann findet hier ein bunt gemischter Mercato (Markt) statt. Genauer gesagt im nördlichen und südlichen Teil der Promenade. Ein solch erlebenswerter Lungolago ist eben viel mehr als eine schnöde Strandpromenade. Es ist ein lebensfroher abwechslungsreicher Ort, auf dem jeder sein persönliches Glückserlebnis findet – garantiert!

TIPP

Am Hang der Rocca wird nachts die Beschützerin des Ortes, Madonna Assunta, romantisch beleuchtet.

● Lungolago, 37016 Garda

Süße Frauenpower

4

Bar Pasticceria Dolci Momenti in Riva del Garda

Wenn man einen gut dotierten, sicheren Arbeitsplatz aufgibt, um in Riva del Garda eine Pasticceria zu eröffnen, braucht es mindestens einen triftigen Grund: Für die beiden unternehmungslustigen Schwestern Cristina und Katia war es ein lang gehegter Lebenstraum, einen Ort zu schaffen, an dem sich die Besucher wie zu Hause fühlen, Freunde treffen und leckere Kleinigkeiten genießen können. In dem kleinen süßen Glücksort, zentral an der Piazza delle Erbe gelegen, verweilt man gerne und genießt. „Dolci momenti" (Süße Momente) heißt das Café deshalb auch sehr passend. Die versprochenen süßen Momente sind durchaus wörtlich zu nehmen. Denn hier verführen bunte süße Köstlichkeiten, selbstverständlich stammen alle aus eigener Fertigung: Wie wäre es mit der Haselnuss-Sahne-Torte (Kalorien zählen verboten!), dem fantastischen Ricotta-Amaretto-Kuchen oder dem legendären Cheesecake, für den die Bar auch bekannt ist? Wer die herzhafte Geschmacksrichtung bevorzugt, widmet sich der hervorragenden Auswahl ganz unterschiedlich belegter kleiner Panini (Sandwiches).

TIPP

Jeden zweiten und vierten Mittwoch findet in Riva del Garda ein netter, bunt gemischter Markt statt.

Hier könnte man problemlos den ganzen Tag verbringen und ihn beispielsweise mit einem Schokoladencroissant beginnen. Die darin versteckte schokoladige Überraschung, eine dunkle Konfitüre, stammt natürlich auch aus eigener Herstellung. Für die Mittagszeit wählt man einen gesunden Snack, z. B. einen der unterschiedlich komponierten Salate. Nachmittags folgt dann eine himmlische Verführung, vielleicht in Form eines Eisbechers mit einem koffeinhaltigen Muntermacher. Oder man trifft sich mit Freunden auf einen Aperitivo, zu dem – stilgerecht – kleine Knabbereien gereicht werden. Abends bietet sich ein Stück knusprige Pizza an. Zu den süßen Momenten des Lebens gehört natürlich auch Kunst. Deshalb organisieren Cristina und Katia u. a. Theateraufführungen, nutzen die Wände ihrer Bar für Ausstellungen oder begeistern mit Livemusik.

● Bar Pasticceria Dolci Momenti, Via Florida 27, 38066 Riva del Garda, Tel. +39 4 64 66 23 79, www.pasticceriagardadolcimomenti.it
● ÖPNV: Bus 1, 2, 3, 183, 184

DOLCI MOMENTI
DOLCI MOMENTI

Perfekter Urlaubsabend

5 Ristorante da Umberto in Castelletto

Im netten Ort Castelletto del Brenzone landet man früher oder später am kleinen Hafenbecken, umgeben von historischen Gebäuden mit einigen Bars und Restaurants. Eines davon ist das Ristorante da Umberto, wegen seiner traumhaft schönen Lage direkt am Seeufer quasi der Platzhirsch! Ursprünglich war das Lokal bescheidener Treffpunkt der Fischer nach getaner Arbeit. Als immer mehr Touristen an den See reisten, entwickelte sich aus der einfachen Trattoria ein exzellentes Restaurant, das es bis heute geblieben ist. Wer das Glück hat, ein Boot sein Eigen zu nennen, kann zum Dinieren stilvoll anreisen und sein Schiff am Außenkai festmachen. Man kann auch den Dampfer nehmen, der fast direkt vor dem Restaurant anlegt. Beim Anblick der zahlreichen bunten Fischerboote im Hafenbecken hofft der hungrige Besucher natürlich, etliche Fischgerichte auf der Speisekarte zu finden. Man wird nicht enttäuscht, denn fast alle Wasserbewohner des Lago sind als Speiseempfehlung vertreten – und zwar fangfrisch, direkt von den örtlichen Fischern. Wer die große Vielfalt genießen möchte, die der See bietet, sollte das Menü „Pesci del garda" wählen. Als Vorspeise wird beispielsweise marinierter Barsch und Seehecht in leckerer Weinsauce serviert. Es folgen Bigoli, ein pikant gewürztes Pastagericht mit Sardellen (aus dem See) und Zwiebeln. Diese köstliche Leckerei mit langer Historie wird von Einheimischen traditionell besonders gerne am Aschermittwoch, Karfreitag und an Heiligabend zubereitet. Der Hauptgang besteht z. B. aus gegrilltem Seefisch mit Gemüse. Welche Fischart auf den Teller kommt, entscheidet der nächtliche Fang der heimischen Fischer. Für den kleinen Hunger ist die „Antipasto di pesce di lago", u. a. mit Forellenfilet, perfekt. Dazu passen regionale Weine, wobei der günstige Hauswein eine Empfehlung wert ist! Fantastischer Seeblick, köstliches Essen, guter Wein, freundliche Bedienung – so sieht ein gelungener Urlaubsabend aus, der glücklich macht und von dem man noch lange zehren kann!

TIPP
Ankunfts- und Abfahrtszeiten der Dampfer findet man u. a. auf www.navigazionelaghi.it.

● Ristorante da Umberto, Via Imbarcadero 15, 37010 Caselletto di Brenzone, Tel. +39 4 57 43 03 88, www.daumberto.it

da Umberto
RISTORANTE
RISTORANTE da Umberto
DA-
UMBERTO

Radfahren auf dem See

6 Neuer Radweg ab Limone sul Garda

Der Gardasee ist nicht nur ein Paradies für Sonnenhungrige. Auch Radsportler kommen hier dank bestens ausgebauter Radwege voll auf ihre Kosten. Ein kleiner Wermutstropfen: Bislang ist eine Umrundung des kompletten Sees nicht möglich. Noch nicht, denn im Jahr 2028 soll das engagierte Projekt „Garda by Bike“ abgeschlossen sein. Dadurch lässt sich der gesamte Lago (rund 140 Kilometer) endlich umrunden! Eines der sicherlich schönsten und vor allem imposantesten Teilstücke dieser eindrucksvollen Radstrecke ist der im Sommer 2018 eröffnete, rund zwei Kilometer lange Radweg, der von Capo Reamol in Limone entlang der Westküste führt. Dieses Teilstück wurde bei seiner Eröffnung von der internationalen Presse als „spektakulärster Radweg Europas“ gefeiert.

TIPP
Der Strand Spiaggia Tifù lädt mit schattigen Plätzen unter Bäumen zur Erholung ein.

Derartige Vorschusslorbeeren sind natürlich verpflichtend und hier absolut berechtigt. Betrachtet man die steil aufsteigenden Felswände am Ufer, taucht sofort die Frage auf, wie sich hier ein Skywalk realisieren lässt. Die ausgeklügelte architektonische Lösung brachte eine gewagte, modern gestaltete und größtenteils freitragende Eisenkonstruktion. Dank dieser genialen Idee führt der Radweg quasi direkt über den See. Wer hier entlang radelt, scheint über dem Wasser zu schweben. Auf der einen Seite ragen neben dem Radweg massive Felswände senkrecht in den Himmel, auf der anderen Seite breitet sich das dunkelblaue glitzernde Wasser des Lago fast unendlich bis zum Horizont aus. Wer sich auf den fast freischwebenden Weg wagt (der auch für Fußgänger offen ist), lässt sich auf ein kleines Abenteuer ein! Etwas Mut und vor allem keine Angst vor schwindelerregenden Höhenunterschieden sind aber notwendig, denn es geht auf einer Seite fast senkrecht in die Tiefe. Das Radeln auf dieser baulich ebenso beeindruckenden wie gewagten Teilstrecke wird mit einem unbeschreiblichen Glücksgefühl belohnt, einer Mischung aus Wagemut, Respekt vor den heutigen technischen Möglichkeiten und tiefer Dankbarkeit, diese wunderbare Natur genießen zu dürfen.

- Radweg ab Capo Reamol in Limone sul Garda, bestens ausgeschildert
- ÖPNV: mit dem Schiff von Riva del Garda nach Limone sul Garda, mit dem Auto SS469

Bestes, flüssiges Gold

7

Ölmühle Manestrini in Soiano del Lago

Dass die Region um den Gardasee mit ausgezeichneten Weinen punkten kann, ist hinreichend bekannt. Weniger bekannt jedoch sind die dortigen Olivenöle, die nördlichsten der Welt. Gourmets sowie Sterneköche schätzen dieses „flüssige Gold" für die typisch mediterrane Nuance ihrer Gerichte. Die gemäßigten klimatischen Bedingungen rund um den See sind ein großes Glück für den erlesenen Geschmack der verschiedenen Olivenöle. Geschützt durch die Alpenkette verlaufen die Winter meist mild – beste Voraussetzungen für das optimale Gedeihen der oft jahrhundertealten Olivenbäume. Im Norden weist das Olivenöl eine leicht bittere Nuance auf, die etwas an den Geschmack von Artischocken erinnert. Im Süden hingegen trifft man eher auf mildere Geschmacksvarianten.

TIPP

Im kleinen Ort Soiano del Lago befindet sich der schöne Golfplatz Gardagolf Country Club.

Auf der Suche nach hervorragendem Olivenöl vom Lago ist man gut beraten, sich einen Produzenten mit eigenen Anbauflächen zu suchen. Wie die Ölmühle Frantoio Manestrini, malerisch am südlichen Westufer in Soiano del Lago gelegen. Das traditionelle Familienunternehmen ist ein wahrer Glücksfall für alle Fans des Olivenöls, denn hier kann man live erleben, wie aus frisch geernteten Oliven das begehrte Öl wird. Bei Führungen durch den Olivenhain erfährt man u. a., dass die Oliven hier nach strengen Qualitätsrichtlinien angebaut und ausschließlich manuell geerntet werden. Wie die Früchte anschließend weiterverarbeitet werden, erfährt man danach in der Ölmühle. Doch grau ist alle Theorie, daher steht auch eine Verkostung verschiedener hauseigener Öle auf dem Programm, z. B. das Native Olivenöl Extra DOP Garda Bresciano, das bereits zahlreiche nationale und internationale Auszeichnungen erhalten hat. Wer weitere außergewöhnliche Glücksmomente erleben möchte, macht ein romantisches Picknick zwischen uralten Olivenbäumen – der Picknick-Korb von Manestrini, gefüllt mit leckeren italienischen Delikatessen, darf natürlich nicht fehlen. Langschläfer freuen sich über den täglich stattfindenden Brunch in den historischen Gemäuern. Gemeinsam, in netter Gesellschaft, genießt man köstliche, regionale Spezialitäten.

● Ölmühle Manestrini, Via Avanzi 7, 25080 Soiano del Lago, Tel. +39 3 65 50 22 31
www.manestrini.it

Nicht nur für Stammgäste

8

Bar/Osteria Santo Cielo in Malcesine

An einem der schönsten Plätze in Malcesine, der Piazza Turazza, trifft man auf ein wunderbares, erlebenswertes Kleinod im mittelalterlichen Gemäuer, die Bar/Osteria Santo Cielo, eine Art mediterrane Tapas-Bar. Im Sommer lässt man sich auf den verschnörkelten weißen Stühlen aus Schmiedeeisen vor der Bar nieder, die nicht bequem aussehen, es aber erstaunlicherweise sind. Darüber rascheln die Weinrebenblätter, die im Laufe der Jahrzehnte ein Blätterdach gebildet haben. Im Winter trifft man sich im historischen, liebevoll eingerichteten Gewölbeweinkeller. Inhaberin dieser Traum-Lokation ist seit 2000 Hella, eine nette, quirlige und lustige Holländerin. Sie lebt seit vielen Jahren in Malcesine und liebt nicht nur ihr Lokal, sondern den ganzen Ort. Zahlreiche Stammgäste, meist Einheimische, geben sich bei ihr ein Stelldichein. Dieser Ort zieht aber auch Durchreisende und Urlauber magisch an. Während man bei einem Glas guten Weins oder einem Aperol Spritz die außergewöhnliche Atmosphäre genießt, bleibt man hier gerne länger, als vielleicht geplant, sitzen. Schnell ist man miteinander im Gespräch, tauscht Neuigkeiten aus, hilft gerne weiter und hat einfach Spaß zusammen. Das Geheimnis dieser besonderen, einmaligen, glücklich machenden Stimmung ist die perfekte Mischung aus absoluter Leichtigkeit, äußerster Unkompliziertheit und authentischem Ambiente. Eine fantastische Gelegenheit, sich einfach treiben zu lassen und entspannt zu genießen.

TIPP
Der imposante Palazzo del Capitani in der Via Capitanato mit schönen Deckenfresken lohnt einen Besuch!

Natürlich kann man hier auch essen – und zwar unglaublich lecker! Es gibt u. a. köstliche, unterschiedlich belegte Bruschette, auch in veganen und vegetarischen Varianten. Oder wie wäre es mit den unwiderstehlich schmeckenden Ciabatte? Als Hommage an einige deutsche Gäste wird sogar eine Variante mit Nutella angeboten. Ein entspannter entschleunigender Abend in dieser malerischen Bar hinterlässt ein wundervolles Glücksgefühl, das noch lange anhält.

● Osteria Santo Cielo, Piazza Don Quirico Turazza 11, 37018 Malcesine, Tel. +39 34 87 45 13 45

Osteria Santo Cielo

Das Glück ist gelb

9 Big Bench in Cisano bei San Felice del Benaco

Einmal wieder Kind sein, die einstige Unbedarftheit spüren und das spontane Glücksgefühl erneut empfinden – wer möchte das nicht? Sich zurückversetzen in die Zeit, als das Leben noch unbeschwert war. Diese Erwachsenensehnsucht kann man stillen, es funktioniert erstaunlich einfach! Inmitten herrlicher Natur setzt man sich auf eine XXL-Bank und genießt zunächst mit dem Blick des Erwachsenen grandiose Panoramablicke. Allmählich aber verändert sich die Sicht auf die eigene Person; denn die Größe der Bank lässt einen optisch kleiner sehen, und entsprechend fühlt man sich auch. Interessant, wie sich hierdurch auch der Blick auf die Welt verändert – ein wirklich einmaliges emotionales Erlebnis!

Eine dieser 3,50 Meter mal 1,80 Meter großen XXL-Sitzbänke befindet sich seit Juni 2020 in Cisano. Das gelbe Sitzmöbel ist Teil des gemeinnützigen Big Bench Community Projects, gegründet vom amerikanischen, in der Lombardei lebenden Künstler Chris Bangle. Ziel dieses Projektes mit seinen mittlerweile rund 120 aufgestellten „Panchina Gigante" ist es, durch die Wahrnehmung der veränderten Perspektive individuelle Glücksmomente zu bescheren. Weitere Ziele sind aber auch, eine neue Attraktion im regionalen Tourismus zu schaffen und regionales Handwerk zu fördern, da die Möbel unmittelbar vor Ort gefertigt werden. Erzielte Erlöse kommen lokalen Institutionen zugute. Alle Bänke sind an exponierten Plätzen aufgestellt und nur durch eine kurze Wanderung durch die Natur zu erreichen – sozusagen als innere Vorbereitung auf das intensivere Erleben kommender Glücksmomente. In Cisano führt ein kurzer Feldweg (Parkplatz am Ortsende) zur Riesenbank. Von hier aus bietet sich der sensationelle Ausblick auf den Golf von Salò. Ein einzigartiger Moment puren Erstaunens und vollendeten Genusses! Einfach nur glücklich sein, und bitte nicht wundern, wenn es sich auch Peter Pan auf der Riesenbank bequem gemacht hat!

TIPP

Im prächtigen Palazzo Cominelli (17. Jahrhundert) finden regelmäßig Ausstellungen statt.

● Big Bench, Parkplatz nahe der Via Padre F. Santabona, 25010 Cisano
www.bigbenchcommunityproject.org

Kunst, die inspiriert

10 Museum MART in Rovereto

Es ist ein außergewöhnlicher Ort in Rovereto, der künstlerisch inspiriert, neugierig macht, zum Genießen einlädt und obendrein noch ein optischer Hochgenuss ist: das Museum für moderne und zeitgenössische Kunst (Museo di Arte Moderna e Contemporanea di Trento e Rovereto), kurz MART genannt. Bereits seine exponierte Lage inmitten des quirligen Zentrums ist ungewöhnlich. 2002 wurde das attraktive moderne, vierstöckige Museum eröffnet. Auf rund 5.000 Quadratmetern Ausstellungsfläche lassen sich mehr als 20.000 Kunstwerke entdecken. Skulpturen, Installationen und Gemälde der vergangenen 150 Jahre bis hin zur Gegenwart. Andy Warhol, Christo, Picasso – die Liste der hier vertretenen Künstler mit ihren zum Teil berühmten und kontroversen Kunstwerken könnte beliebig fortgesetzt werden.

TIPP

Die nahe Osteria del Pettirosso (Corso Angelo Bettini 24) bietet preisgünstige einfache Gerichte.

Der Besuch des Museums ist aber auch jenen zu empfehlen, denen moderne Kunst nicht so sehr am Herzen liegt. Denn die wesentliche architektonische Attraktion bildet der genauso modern wie schön gestaltete Eingangsbereich. Verantwortlich für diese mutige Architektur ist der Schweizer Stararchitekt Mario Botta. Er schuf eine 25 Meter hohe Kuppel, die aus zwei völlig gegensätzlichen Materialien besteht, nämlich Glas und Stahl. Rom-Liebhabern fällt sofort die Ähnlichkeit der Kuppelform mit jener des Pantheon auf. Stimmt! Denn genau die war es auch, die den Künstler inspirierte. Wenn Sonnenstrahlen durch die Glaskuppel des MART fallen, bilden sich auf dem Boden und den umliegenden Wänden herrliche, spannende Licht-Schatten-Kunstwerke, die die Aufmerksamkeit magisch anziehen. Die unterschiedlich großen, sich überschneidenden Schattenbilder spielen mit der Fantasie des staunenden Betrachters und lassen vor ihm immer wieder neue Bilder entstehen. Man verliert sich in dem wechselnden Spiel zwischen Sonne und Schatten, zwischen Hell und Dunkel. Kein Bild ist wie das andere, jedes ist auf seine Art schön und verbreitet einen wundervollen, einzigartigen Zauber, der die Seele tief berührt!

● MART, Museum für moderne und zeitgenössische Kunst, Corso Angelo Bettini 43, 38068 Rovereto, Tel. +39 8 00 39 77 60, www.mart.tn.it

Diese Madonna hilft gerne

11 Madonna del Carmine bei San Felice del Benaco

Malerischer als die kleine Kirche Santuario della Madonna del Carmine kann ein Wallfahrtsort kaum liegen: am südwestlichen Ufer des Lago, etwas südlich außerhalb des hübschen Ferienortes San Felice del Benaco, inmitten eines romantischen Olivenhaines, hoch über dem herrlichen Gardasee! Von außen präsentiert sich die ehemalige Karmeliterkirche aus dem 15. Jahrhundert eher schmucklos und schlicht. Wüsste man nicht um den in ihrem Inneren verborgenen bedeutenden Schatz, würde man das Gotteshaus glatt links liegen lassen. Die Rede ist von den zauberhaften Fresken, die die Seitenwände schmücken und zwischen 1452 und 1482 entstanden sind. Die Wandbilder zählen zu den schönsten und prächtigsten der gesamten Gardaseeregion. Ihre Bedeutung schöpfen sie aus dem erkennbaren Übergang von der starren Malerei der Gotik hin zu lebendigen, verspielten Motiven der Renaissance. Dargestellt sind zahlreiche Heilige in bunten Farben, allen voran natürlich die Madonna del Carmine. Darüber hinaus sind aber auch etliche Heiligenfiguren zu bewundern.

Die Kirche ist ein wundervoller Ort der Ruhe und der Besinnung. Inmitten der Heiligen nimmt man hier gerne Platz und lässt seinen Gedanken freien Lauf. Es ist auch ein mystischer Ort, den im Laufe der Jahrhunderte viele Menschen zum Gebet nutzten oder an dem sie sich für erhaltene Hilfe bedankten. Viele Besucher – nicht nur Gläubige – statten hier in regelmäßigen Abständen ihrem ganz persönlichen Schutzengel, ihrer ganz persönlichen Heiligen einen Besuch ab, um sich Rat oder Trost zu holen. All die positive Energie dieses kraftvollen Raums wirkt vor allem auf jene, die das auch zulassen und offen dafür sind. Wie beruhigend ist es, einen Platz zu kennen, an dem man seine Sorgen und Probleme einfach abladen kann und an dem sich manchmal auch spontan eine Lösung dafür findet. Die kleine Kirche ist ein Ort, der dank seiner Stille, seiner spirituellen Kraft und der Präsenz der Heiligen dem Fragenden Zuversicht vermittelt, dass es für alles eine Lösung geben kann.

TIPP

Wer Stille und Einkehr länger genießen möchte, kann im nahe liegenden Gästehaus Il Carmine übernachten.

● Wallfahrtskirche Madonna del Carmine, Via del Carmine 11, 25010 San Felice del Benaco, Tel. +39 3 65 55 70 58 www.santuariodelcarmine-sanfelice.it
● ÖPNV: Bus LN 007

MATER CARMELI TARUM

Hoch über dem Lago

12 Botanischer Garten am Monte Baldo

Eine der schönsten alpinen Naturlandschaften ist der über 2.000 Meter hohe Monte Baldo, der sich über eine Länge von rund 30 Kilometern erstreckt. Das raue, wilde, steile Gebiet mit seinen schroffen Felsen zwischen dem Fluss Etsch und dem Gardasee wird wegen seiner reichen floralen Vielfalt als „Hortus Europae" (Europäischer Garten) bezeichnet. Denn wo sonst findet man mehr als 600 Pflanzenarten, darunter einzigartige Raritäten, die zum Teil nur hier wachsen oder hier entdeckt wurden, wie beispielsweise das Monte-Baldo-Windröschen, die Felsenglockenblume, die Dunkle Akelei oder der blaugrüne Steinbrech. Im Frühjahr verzaubern mehr als 60 verschiedene Orchideenarten mit ihren farbenprächtigen Blüten die Wanderer.

Häufig jedoch steht den meisten Urlaubern nicht ausreichend Zeit zur Verfügung, das weitläufige abwechslungsreiche Pflanzenparadies am Monte Baldo zu entdecken. Für sie bietet sich der Besuch des hübschen, informativen Botanischen Gartens (Orto Botanico di Novezzina) in dem rund 1.200 Meter hoch gelegenen Novezzina an, sozusagen eine Mini-Ausgabe des gesamten Ökosystems am Berg. Auf rund 20.000 Quadratmetern kann man hier die einheimische Flora erleben. Pflanzentafeln geben detailliert Auskunft. Der Garten auf dem Gelände einer ehemaligen Waldgärtnerei wurde von der Gemeinde im Jahr 1989 liebevoll angelegt. Auf malerisch geschwungenen Wegen schlendert man u. a. vorbei an über 1.000 Pflanzenarten, die normalerweise am Monte Baldo zu finden sind. Einige von ihnen, wie die Pracht-Primel, trotzten sogar der Eiszeit und überlebten sie. Im Vergleich hierzu nehmen sich die individuellen menschlichen Lebensjahre eher bescheiden aus! Beim Anblick dieser „Pflanzengreise" wird man sich der relativen Kürze der eigenen Lebenszeit bewusst. Daher sollte man sie sinnvoll nutzen und sich etwas Gutes tun, z. B. meditative Ruhepausen in diesem herrlichen Botanischen Garten einlegen, sich an den traumhaften Ausblicken ergötzen.

TIPP

Die Berghütte Rifugio Novezzina (Via General Graziani 10) bietet u. a. Übernachtungsmöglichkeiten.

● Orto Botanico del Monte Baldo, Strada Graziani 10, 37020 Novezzina, Ferrara di Monte Baldo, Tel. +39 4 56 24 72 88 oder Tel. +39 34 56 99 03 89

Regionale Aromen entdecken

13

Osteria Caffè Amaro in Garda

Selbst in den touristischen Hochburgen wie Garda lassen sich noch nette, authentische Lokale entdecken, in denen man echte italienische Küche genießen kann. Die kleine, charmante, etwas abseits gelegene Osteria Caffè Amaro ist solch ein empfehlenswerter Glücksort mit echter regionaler Küche, fernab von Pizza und „Würstl con Krauti". Das Attribut „klein" ist durchaus wörtlich zu nehmen; denn sowohl die Terrasse des Lokals mit schönem Blick auf die nahe Kirche und den Lago als auch der gemütliche Gastraum sind eben klein. Und was für die Räumlichkeiten gilt, trifft erfreulicherweise auch auf die Preise zu, nicht aber auf die Portionen. Wer hier speist, erhält ausgezeichnete Qualität, perfekt zubereitet, wie bei einer italienischen Mamma – wunderbar!

Bruno und seine Frau führen die Osteria mit sehr viel Herzblut und sind überzeugt von regionalen Produkten. Als Vorspeise empfiehlt sich die „Selezione di salumi tipici", eine Auswahl an unterschiedlichen regionalen Salamisorten, zu der u. a. auch Pferdesalami gehört. Danach sollte man zur eigenen Freude die „Bigoli con le sarde" probieren, im dortigen Dialekt „Bigoi con le sardele" genannt. Dieser absolute Klassiker der Gardeseeküche besteht aus dickeren Spaghetti und in Salz und/oder Olivenöl eingelegten Sardinen, die selbstredend aus dem Gardasee stammen. Ein genauso einfaches wie köstliches Gericht! Wer sich überraschen lassen möchte, vertraut der exzellenten Küche und bestellt „Pasta con sugo del giorno", das Nudelgericht des Tages. Anschließend etwas Fleisch oder eine Forelle aus dem See, köstlich auf dem Grill zubereitet. Als Contorni (Beilage) dürfen Polenta oder Peperonata della casa (hausgemacht!) nicht fehlen. Nachspeise geht bekanntlich immer, es wäre hier auch ein Frevel auf die köstliche „Panna cotta con creme" oder auf eine Auswahl regionaler Käsespezialitäten zu verzichten! Neben der leckeren Küche sind es die Herzlichkeit der Gastgeber und die gemütliche Atmosphäre, die dafür sorgen, dass man sich hier wie zu Hause fühlt.

TIPP

Die Gelateria Pasticceria Bullio Renato e Virginia (Via Don Carlo Gnocchi 18) verwöhnt mit sehr leckerem Eis!

● Osteria Café Amaro, Piazzale Roma 2, 37017 Garda, Tel. +39 34 66 33 22 96
www.osteriacaffeamaro.it

Genießen mit allen Sinnen

14 Geschäft des Consorzio Olivicoltori in Malcesine

Der Anbau und das Kultivieren von Olivenbäumen besitzt in der Region um den Gardasee mit ihrem gemäßigten Klima eine Tradition, die bis in die Antike zurückreicht. Die Verwendung des kostbaren Öls in der Küche oder zu Heilzwecken war allerdings nur wenigen Reichen vorbehalten. Zu kostbar war das „flüssige Gold“! Im Mittelalter entsprachen rund 5 Liter Öl dem Wert eines großen Schweines. Wer heute an den begehrten Stoff kommen will, besucht einfach den liebevoll eingerichteten Laden des „Consorzio Olivicoltori“. Alle, die bislang dachten, Olivenöl sei eben einfach Olivenöl, werden hier schnell eines Besseren belehrt. Angeboten werden u. a. eine beeindruckend vielfältige Auswahl an Olivenölen, allesamt produziert vom Consorzio Olivicoltori. Frei nach dem Motto „Gemeinsam sind wir stark“ schlossen sich am 6. Oktober 1946 die Olivenöl-Bauern in und um Malcesine zu einem Konsortium zusammen, um gemeinsam ihr hervorragendes Olivenöl anzubieten und damit unabhängig von den Großanbietern zu bleiben. Der Plan ging auf! Heute zählt die Vereinigung etwa 550 Mitglieder mit insgesamt rund 46.000 Olivenbäumen, von denen mehr als 90 Prozent älter als 100 Jahre sind! Casaliva heißt die heimische Olivensorte, die das milde Klima rings um den Ort liebt. Das aus ihr gewonnene Öl verfügt über eine leichte Säure, besitzt eine intensive Farbe und schmeckt wunderbar fruchtig mit Anklängen an Mandeln. Dieses und andere Olivenöle kann man in dem Geschäft verkosten. Eine völlig neue Erfahrung, bei der sich dank verschiedener Kompositionen unterschiedlicher Geschmacksnuancen neue Sinneserlebnisse offenbaren. Mit Hilfe fachlicher Anleitung erkennt der Gaumen rasch filigrane geschmackliche Unterschiede der verschiedenen Öle. Es wird der Duft beurteilt, die kräftigen Tönungen kritisch beäugt und natürlich der Geschmack bewertet. Ein wundervolles Erlebnis, bei dem man in die aromatische Seele des Ortes eintaucht. Ein Gold, das glücklich macht! Dieses Glück kann man erfreulicherweise auch mit nach Hause nehmen, es wirkt auch dort – versprochen!

TIPP

Der Segelverein Fraglia Vela Malcesine in der Marina Navene veranstaltet internationale Segelregatten.

● Consorzio Olivicoltori, Via Navene 21, 37018 Malcesine, Tel. +39 4 57 40 12 86
www.oliomalcesine.it

AZIENDA INSERITA
NELLA FILIERA
olio
Garda
D.O.P.
Malcesine
Consorzio Olivicoltori Malcesine

Dolce farniente

15 Strandpromenade in Bardolino

Im charmanten Ferienort Bardolino lädt die großzügig angelegte Seepromenade zu herrlichen Spaziergängen ein, zum „dolce farniente" (süßem Müßiggang). Von den bequemen Sitzbänken der Promenade blickt man auf unvergesslich schöne Sonnenuntergänge oder schaut dem Kommen und Gehen der Fischerboote im alten Hafen zu. Wer sportlich ambitioniert ist, wandert auf dem „Lido Cornicello" in das rund sieben Kilometer entfernte Garda. Oder auf dem „Lido Mirabello" in die andere Richtung nach Cisano. Absolute Foto-Hotspots sind, neben den zum Teil sehr alten Olivenbäumen mit ihren knorrigen Stämmen und Ästen, die über 70 Blumenbeete. Je nach Saison werden sie von der Gemeinde mit unterschiedlich blühenden Pflanzen, aber immer kunterbunt bepflanzt. Dieses Engagement in Sachen Blumendekoration zahlt sich aus: So kam es, dass Bardolino beim „Comuni Fioriti" (blühende Gemeinde) 2019 den ersten Platz belegte und sich damit mit seiner Blütenpracht gegen 181 Kandidaten aus ganz Italien durchsetzte.

TIPP
Jeden Donnerstag findet am Lungolago ein bunt gemischter Markt statt (8–13 Uhr).

Die herrliche, großzügig gestaltete Seepromenade wird gerne auch als Lokation für zahlreiche Feste des Ortes genutzt. Wie beispielsweise das im Herbst 1929 ins Leben gerufene, traditionsreiche „Trauben- und Weinfest", inzwischen eines der beliebtesten Feste am ganzen Lago. Oder die weihnachtlichen Veranstaltungen am Lungolago Cornicello, die vor allem für Kinder attraktiv sind. An Silvester dann ist die Seepromenade Bühne für den großen Jahresausklang unter freiem Himmel – das wichtigste Event im gesamten Ort. Einheimische und inzwischen auch etliche Touristen treffen sich hier in ungezwungener Atmosphäre, um miteinander das vergangene Jahr Revue passieren zu lassen, bei Livemusik und DJ-Klängen unbeschwert zu tanzen, um dann um 24 Uhr das große Spektakel am Himmel, das fulminante Riesen-Feuerwerk, zu bewundern und um zusammen auf ein gesundes neues Jahr anzustoßen. Anschließend wird auf dem Prachtboulevard, dem Wohnzimmer der Einheimischen, gemeinsam bis weit in das noch junge Jahr gefeiert.

● Strandpromenade, Lungolago in Bardolino

Sightseeing per Zug

16 Bimmelbahn ab Piazza Brà in Verona

Wer Lust hat, Verona auf witzige und ungewöhnliche Art kennenzulernen, wählt die Fahrt mit dem Bimmelbähnchen. Gerade für Familien und Besucher, denen die Stadteroberung auf Schusters Rappen zu mühsam ist, stellt dies die perfekte Lösung dar! Die unterhaltsame Tour beginnt auf der weitläufigen Piazza Brà. Tickets werden direkt beim Zugführer gelöst, für Familien gibt es günstige Gruppenpreise. Platz genommen, bevorzugt am Fenster, und los geht es! Die interessante Rundfahrt dauert ungefähr eine halbe Stunde. Alle Informationen werden in vier Sprachen angeboten, auch in Deutsch. Erste Sehenswürdigkeit auf dieser Tour ist die prachtvolle Kirche San Zeno Maggiore mit freistehendem Glockenturm. Dieser herrliche, elegante Prachtbau wird gleich für einen späteren ausführlichen Besuch vorgemerkt, es lohnt sich! Schließlich handelt es sich um eines der schönsten und beeindruckendsten Gotteshäuser Italiens. Weiter zuckelt das Bähnchen zum nächsten Highlight, dem Castel Vecchio. Der trutzige Burgkomplex wurde von den Scaligern errichtet. Jetzt könnte man sich den Besuch des Museo di Castelvecchio für später merken! Vorbei am römischen Arco dei Gavi und der Porta Borsari wechselt das Bähnchen auf die andere Etsch-Seite, von wo aus sich ein neuer Ausblick auf Verona bietet. Wieder auf der anderen Flussseite zurück beeindruckt der Duomo Santa Maria Assunta. Der Prachtbau mit romantischem Kreuzgang sollte ebenfalls noch einmal besucht werden! Nun folgen die Piazza Erbe und der bekannte Balkon der Julia – beide Sehenswürdigkeiten stehen so und so auf der Wunschliste der meisten Besucher. Vorbei an der Chiesa di San Fermo kommt gleich das nächste weltberühmte Highlight, die Arena di Verona. Gleich notieren: Konzertkarten für das Amphitheater besorgen – ein unvergesslich schönes Erlebnis. Ehe man es sich versieht, ist der kleine Zug wieder auf der Piazza Brà angekommen. Glücklich und zufrieden entsteigt man dem Bähnchen: glücklich deshalb, weil man so viel Neues, Spannendes und Interessantes erlebt hat, zufrieden, weil die Füße nicht schmerzen!

TIPP

Vom Ristorante Pizzeria La Costa (Piazza Brà 2) aus genießt man herrliche Blicke auf die Piazza.

● Verona Tour, Piazza Brà, 37121 Verona, Tel. +39 45 59 67 15

Città di Verona
CASTELFRANCO V.
ITALY
Città di Verona
FN 798KE

Besuch bei Bacchus

17

Weinhandlung Cantina Zeni in Bardolino

Der Name Bardolino hat gleich zwei Bedeutungen. Zum einen steht das Wort für den touristisch sehr gesegneten Ort, unmittelbar am Ufer der Ostseite des Lago gelegen. Zum anderen für das berühmte, weitläufige, um den Ort gelegene Weinanbaugebiet. Am bekanntesten ist der rubinrote Bardolinowein mit seinen vorwiegend fruchtigen harmonischen Aromen. Zunehmender Beliebtheit erfreut sich ebenfalls der Chiaretto, ein leichter, frischer Roséwein, auch als spritziger, zarter Spumante erhältlich. Der ganze Ort lebt mit und von den beliebten „Sorgenbrechern" – neben dem florierenden Tourismus. Ob im Rahmen beliebter Weinfeste oder in diversen örtlichen Weinhandlungen. Offeriert werden ganz unterschiedliche Weine aus der bekannten Anbauregion.

Um als Laie den Überblick angesichts des reichhaltigen Angebots zu behalten, ist fachliche Beratung erwünscht. Das traditionelle Weingut Zeni ist dafür seit vielen Jahren eine empfehlenswerte Adresse. Neben erstklassiger Fachinformation (auch in deutscher Sprache) bietet es auch die Verkostung seiner Weine an der Bar an. Das Familienunternehmen ist ein wahrer Glücksfall für Weinfreunde. Es blickt auf eine lange Historie bis zum Jahr 1870 zurück und bietet seinen Kunden hochwertige Weine an, die mit unwiderstehlichem Geschmack betören. Im Weinkeller lohnt sich der Besuch des Bacchus-Tempels, in dem ebenfalls Verköstigungen des einzigartigen Kulturgutes der Region stattfinden. Der herrliche klassizistische Saal verdankt seine Bezeichnung den Wandfresken, die, wie könnte es an so einem Ort anders sein, Bacchus darstellen, den Gott des Weines, aber auch – Achtung! – des Rausches. Wer hinter die Kulissen des Weinanbaus blicken möchte, besucht das kleine, optisch ansprechende Weinmuseum unmittelbar am Eingang des Geschäftes. Eine passende Ergänzung zum Thema Wein! „Das Leben ist zu kurz, um schlechten Wein zu trinken", stellte einst der Gardasee-Fan Goethe fest. Er wäre sicherlich in diesem weinseeligen Ort ein glücklicher und zufriedener Stammgast geworden!

TIPP

Die Gelateria Biancaneve (Borgo Giuseppe Garibaldi 26 A) gilt als eine der besten am See.

● Cantina F.lli Zeni Srl, Via Costabella 9, 37011 Bardolino, Tel. +39 4 57 21 00 22
www.zeni.it

Museum und Dom in einem

18

Dom Santa Maria Maddalena in Desenzano

Die meisten Besucher der prächtigen dreischiffigen Hauptkirche von Desenzano, dem Duomo di Santa Maria Maddalena, sind überrascht und gleichzeitig irritiert, wenn sie das Innere des Gotteshauses betreten. Man fragt sich: Ist das jetzt ein Museum mit kostbaren Gemälden oder eine Kirche? Der absolut sehenswerte Dom ist beides. Zum einen ist er in erster Linie natürlich ein gern genutzter Treffpunkt für Gläubige, vor allem für Einheimische. Zum anderen stellt er wegen der „Kunstausstellung", der Bildergalerie mit wertvollen Ölbildern des 17. Jahrhunderts, ein richtiges „Schmankerl" für Kunstinteressierte dar. Doch von Anfang an! Das Gotteshaus, 1586 bis 1611 von dem berühmten Architekten Giulio Todeschini erbaut, ersetzte eine kleine Marienkirche. Seine Außenfassade im Stil der Renaissance wurde bewusst schlicht gehalten. Nur dadurch erhält das barocke Eingangsportal Kraft, um als echter Eyecatcher agieren zu können. Die besondere Atmosphäre im freundlichen, hellen Inneren des Doms entsteht durch die gelungene Mischung aus Religiosität und Kunst. Die herrlichen Ölgemälde widmen sich religiösen Themen und stammen von „Promi-Malern" ihrer Zeit, wie den Barockmalern Andrea Celesti und Gianbettino Cignaroli. Echter Höhepunkt der umfassenden kostbaren Gemäldesammlung ist zweifellos das Frühwerk „Letztes Abendmahl" des berühmten venezianischen Malers Giovanni Battista Tiepolo (in der Anbetungskapelle). Künstlerisch weniger spektakulär, dafür mit großer spiritueller Anziehungskraft ausgestattet, ist das weiß eingefasste Altarbild mit der Heiligen Maria. Hierher zieht es die Einheimischen mit ihren Sorgen und Nöten. Hier bleibt man stehen, ist kurz völlig bei sich und vertraut der Heiligen seine geheimen Wünsche an. Die gütige Maria hört sich alles aufmerksam an, lächelt sanft und hüllt sich in vertrauliches Schweigen. Sie gibt den Ratsuchenden das wundervolle entlastende Gefühl, das deren Anliegen bei ihr bestens aufgehoben sind. Welch wundervoller und vielseitiger Ort der Dom doch ist!

TIPP

Der Chor Coro Santa Maria Maddalena lädt im Dom während der Sommermonate zu herrlichen Konzerten ein!

● Duomo di Santa Maria Maddalena, Via Roma 5, 25015 Desenzano, Tel. +39 3 09 14 18 49

Lecker und regional

19

Ristorante Il Porticciolo in Lazise

Fischliebhaber haben großes Glück! Denn in dem hübschen Ristorante Il Porticciolo (Yachthafen) dreht sich beinahe alles um die Bewohner des nassen Elementes, überwiegend um Fische aus dem Gardasee. Nun könnte man angesichts der zentralen Lage direkt an der besonders im Sommer gut besuchten Uferpromenade denken, dass das Il Porticciolo eine touristisch angehauchte Einkehr ist. Völlig falsch: Es handelt sich sowohl um ein traditionelles Feinschmecker-Restaurant als auch um ein bodenständiges Familienunternehmen. Von seiner Terrasse aus schweift der weite Blick über den Lago – der wundervolle Beginn eines genussträchtigen Abends. Beim Studieren der Speisekarte lernt man die unterschiedlichen See-Bewohner kennen und staunt über das abwechslungsreiche Leben unter Wasser.

TIPP

Von der Bar Gelateria Al Porto da 1977 (Lungolago Guglielmo Marconi 2) sieht man schön auf den alten Hafen.

Einheimische benötigen längst keine Speisekarte mehr, denn sie wissen, dass es hier das beste „Risotto con la tinca" (Schleien-Risotto) gibt. Dieser beliebte Klassiker aus der regionalen Küche zergeht auf der Zunge und ist mit seinem feinen Geschmack ein Gaumenschmeichler par excellence! Dazu ein Gläschen Bianco di Custoza, ein leichter Weißwein, der durch seinen spritzigen frischen Geschmack überzeugt, und das Glück ist perfekt! Auch beim Vorspeisenbuffet – ebenfalls eine klare Empfehlung – dreht sich fast alles um den Fisch aus dem Lago: mal mariniert, mal geräuchert, mal leicht angebraten. Oder man wählt die hausgemachte Pasta mit Lavarellosugo, gefertigt aus leicht geräuchertem Felchen. Das Hauptgericht kommt vom großen offenen Holzgrill. Es bedarf Fingerspitzengefühl und Erfahrung, um die Trota salmonata (Lachsforelle) oder die kleinen Sarde del Garda (Sardinen) im richtigen Augenblick vom Grill zu nehmen, bevor ihr Fleisch trocken wird. Noch etwas Gardasee-Olivenöl über den Fisch geträufelt und fertig ist purer, authentischer Genuss, der einfach glücklich macht. Gekrönt wird das Glück von unwiderstehlich leckeren Nachspeisen in Form eines Sorbetto al limone (Zitronensorbet) oder eines Strudel di mele (Apfelstrudel, nur im Winter). Buon appetito!

● Ristorante Il Porticciolo, Lungolago Guglielmo Marconi 22, 37017 Lazise, Tel. +39 4 57 58 02 54, www.ilporticcioloristorante.it

Läuten für Frieden

20

Friedensglocke in Rovereto

Wenn die riesige Glocke der Gedenkstätte von Rovereto auf dem Colle di Miravalle (Talblick-Hügel) jeden Abend (Sommer 21.30 Uhr, Winter 20.30 Uhr) sage und schreibe 100 Mal lautstark schlägt, ist das pures Gänsehaut-Feeling. Und zwar gleich aus zwei Gründen! Die Glocke, eine der größten weltweit, erinnert damit an die Gefallenen des Ersten Weltkrieges und mahnt gleichzeitig mit ihren energischen Schlägen sehr eindringlich zu Frieden zwischen den Völkern. „Nichts geht durch den Frieden verloren, aber alles durch den Krieg" – diese Inschrift ziert die Friedensglocke, wie sie im Volksmund genannt wird. Die Idee zu der Campana dei caduti (Glocke der Gefallenen), so die offizielle Bezeichnung, stammt von Pater Don Antonio Rossaro. Er ließ Kanonen aller am Ersten Weltkrieg beteiligten Nationen zu diesem Friedenssymbol ein- und verschmelzen. Das Ergebnis: eine Glocke gigantischen Ausmaßes, mit einem Durchmesser von rund 3,20 Metern und einer Höhe von etwa 3,40 Metern. Allein der Klöppel wiegt 600 Kilogramm, das Gesamtgewicht beträgt rund 22,5 Tonnen! Heute befindet sich das beeindruckende Denkmal genau an der einstigen Grenze zwischen Österreich-Ungarn und Italien. Dass die jetzige Glocke ihre dritte Kopie ist, tut der Symbolik aber keinen Abbruch. Vom Aussichtshügel aus fällt der Blick auf Rovereto, romantisch in ein grünes Tal eingebettet und beschützt von schroffen felsigen Gebirgszügen. Schwer sich vorzustellen, welche Kriegsschicksale sich dort ereignet haben mögen und mit welchem Leid der Krieg die Bevölkerung überzogen hat. Die unmissverständliche Friedensmahnung ist aber gleichzeitig auch ein Appell an Dankbarkeit und Glück! Denn ist es nicht wunderbar, in einem Land leben zu dürfen, in dem Frieden herrscht und in dem man friedlich mit benachbarten Nationen kooperiert? Die Glockenschläge klingen im Kopf noch lange nach: Lasst uns alle dafür sorgen, damit wir auch weiterhin in Frieden miteinander auskommen. Im Kleinen wie im Großen. Jeder kann dazu seinen wertvollen Beitrag leisten! Lasst uns dieses große Glück auch für die nächsten Generationen bewahren!

TIPP

Die Friedensbibliothek bei der Glocke beschäftigt sich mit den Themen Frieden und Konfliktforschung.

● Campana dei caduti, Colle di Miravalle, 38068 Rovereto, Tel. +39 4 64 43 44 12
www.fondazioneoperacampana.it

Süßes Schlaraffenland

21

Panetteria Perolini in Maderno

Wer durch die herrliche Altstadt von Maderno bummelt (eine Empfehlung für jeden Besucher), kommt unweigerlich an der alteingesessenen Panetteria Perolini in der Via Benamati vorbei. Und wie das bei Läden ist, die unwahrscheinlich leckere Süßwaren anbieten, wird man auch hier allein schon durch den betörenden Duft – wie durch Zauberhand – in das Innere des historischen Geschäftes, ein Familienunternehmen, gezogen. Genau hier erfand der kreative Bäcker Giuseppe Perolini die legendäre „Torta Maderno", ein bereits beim ersten Bissen glücklich machender Gaumenschmeichler, der schnell zur regionalen Spezialität avancierte und gerne als Dessert genossen wird. Die süße Kreation besteht aus weichem Mürbeteig mit einem Herz aus köstlicher Zitronencreme. Diese Puddingfüllung zwischen den beiden Mürbeteigplatten muss bereits am Tag zuvor zubereitet werden, damit sie für die Weiterverarbeitung gut durchgekühlt ist. Die Zutaten, die man für die Zubereitung der Torta benötigt, sind bestechend einfach: Butter, Mehl, Eigelb, geriebene Zitronenschale, etwas Vanille und Puderzucker. Letztere Zutat dient der Dekoration: Auf die fertige Kuchenoberfläche wird eine Schablone gelegt, großzügig Puderzucker darüber gestreut und fertig ist die Silhouette von Maderno mit der Aufschrift: „Torta Maderno". Was genau das Geheimnis ihres unwiderstehlich guten Geschmackserlebnisses ist, lässt sich nicht genau sagen. Vielleicht liegt es an der perfekt aufeinander abgestimmten Mischung der Zutaten. Sicherlich tragen auch die nicht messbaren Zutaten wie Liebe und Leidenschaft bei der Zubereitung zu diesem Kuchentraum bei, der bei angenehmer Süße sanft auf der Zunge zergeht. Letztere Eigenschaft darf in diesem Fall gern wörtlich genommen werden! Erfolg zieht auch Nachahmer an. Aus diesem Grund hat sich der Chef sein Rezept vorsichtshalber patentieren lassen. Rund 200 Torten werden hier täglich gebacken. Die Nachfrage ist enorm. Wer einmal ein Stück von diesem wundervollen Glücklichmacher probiert hat, weiß warum!

TIPP

Die gemütliche Bar Ristorante Pizzeria La Bussola an der Piazza San Marco 11 offeriert leckere Pizzen.

● Panetteria Perolini, Via Benamati 26, 25088 Toscolano-Maderna, Tel. +39 3 65 64 11 53

Beliebte Muntermacher

22 Kaffeerösterei Omkafè in Arco

Was wäre der Italiener ohne seinen Caffè! Der schwarze, starke Muntermacher begleitet ihn durch den ganzen Tag. Morgens ein Espresso (in Italien caffè genannt) – gerne auch ein Cappuccino (mit Milchschaum, um Himmels willen nicht mit Schlagsahne!) – in der Bar des Vertrauens, in der Mittagspause geht ein Espresso immer und auch abends bildet der kleine Schwarze häufig den krönenden Abschluss eines gelungenen Essens. Caffè ist für Italiener ein Stück Lebensqualität, das täglich aufs Neue zelebriert wird. Ähnlich wie bei sehr gutem Wein oder Olivenöl existieren auch bei den schwarz-braunen Bohnen etliche Geschmacksvariationen, abhängig vom Anbaugebiet, verschiedenen Röstungsverfahren bis hin zur Zusammenstellung einzigartiger Mischungen. Erst die optimale Kombination dieser und anderer Faktoren, gepaart mit jeder Menge Leidenschaft und großer Begeisterung, liefert ein herausragendes Ergebnis.

Im Omkafè in Arco werden diese kompliziert klingenden Zusammenhänge auf beinahe spielerische Weise demonstriert. In dieser familiär geführten Kaffeerösterei – ein wahrer Glücksfall für alle Kaffee-Liebhaber – wird auf sorgfältiges Verkosten der verschiedenen Sorten Wert gelegt, bevor man sich anschließend für seine Lieblingsmarke entscheidet. Dem aber nicht genug! Man erfährt auch Wissenswertes über beispielsweise die diversen Röstungen oder die hervorstechenden Merkmale verschiedener Sorten. Das Omkafè, 1947 von Ottorino Martinelli und seiner Frau gegründet, wird heute in dritter Generation geführt. Zum Shop gehört ein gläserner Produktionsraum und ein informatives Kaffee-Museum, das mit seinen zahlreichen Kaffeemaschinen zu einer Reise um die Welt einlädt. In welchen Ländern werden Bohnen angebaut? Welche Röstungsgrade bestimmen über Geschmack, Farbe und Geruch des Kaffees? Alle Sorten werden nach traditionellen, bewährten Familienrezepten vermischt. Das überzeugende Endergebnis präsentiert sich stolz in einem kleinen weißen Tässchen und kann jetzt mit allen Sinnen genossen werden – wunderbar!

● Omkafè, Via Aldo Moro 7, 38062 Arco, Tel. +39 4 64 55 27 61
www.omkafe.com

TORREFAZIONE
O. MARTINELLI · RIVA S/G
12
3
6
9
OMKAFÉ
OMKAFÉ
NUOVA QUALITA'
OMKAFÉ
TORREFAZIONE
Ottorino Martinelli
OMKAFÉ
TORREFAZIONE
Ottorino Martinelli
Omkafé

Wie duftet der See?

23 Parfümerie Acqua del Garda in Garda

Es heißt, die einzige Möglichkeit, keine Sehnsucht nach dem Gardasee zu haben, sei, immer dort zu sein! Treffend ausgedrückt, für die Wenigstens von uns jedoch realisierbar. Aber gegen das starke Fernweh zum Sehnsuchtsort gibt es ein wundervolles Heilmittel, nämlich die typischen Aromen des Lago ins eigene Wohnzimmer zu holen. „Acqua del Garda" heißt eine Parfümserie, die dank ihrer speziellen Kompositionen beim Öffnen der hübschen Flakons sofort herrliche Erinnerungen an die unverwechselbaren Düfte und Gerüche des Gardasees hervorruft. Düfte sind Spiegel unserer Stimmungen, lösen unmittelbar Gefühle aus und lassen innere Bilder von bereits Erlebtem entstehen. Wir verbinden mit bestimmten Düften sofort persönliche schöne Erlebnisse. Das ist auch der Grund, weshalb man immer wieder an dem „Wunderwässerchen" riechen will. Die Parfüme von „Acqua Alta" erinnern sofort an die herrlichen Landschaften am See, die kleinen, romantischen Orte, an den Wind, der über den See streicht, an die Oliven, die an knorrigen Ästen gedeihen, oder an die Zitronenblüten, die jeden Vorbeiziehenden betören. All das spiegeln die Düfte wider: Naturverbundenheit, Leichtigkeit, Freiheit, aber auch Eleganz. Das Firmenlogo, die Libelle, wurde mit Bedacht gewählt: Das Tier, das durch Schönheit und Zartheit überzeugt, tummelt sich häufig an den Ufern des Sees und ist dort ein gern gesehener Gast. Wer sich mit duftenden Erinnerungen eindecken möchte, besucht den elegant in Weiß ausgestatteten Store in Garda. Hier können alle Düfte ausprobiert werden, die mit verführerischen Namen wie „Blauer Himmel" oder „Grünes Wasser" neugierige Nasen glücklich machen. Jasmin, Pfirsich, Nelken, Gewürze, Limone, Rose, Orange – ja, so duftet der Lago! Kompetente Beratung garantiert, dass jeder seinen individuellen Duft mit der ganz persönlichen Herznote findet, mit der er glücklich wird. Hier gibt es auch schöne Geschenke für die Lieben zu Hause – eine ganz wunderbare individuelle und exklusive Art, Ferienerlebnisse zu erzählen!

TIPP

Die Toasteria Italiana (Vicolo Ottellio 4) bietet leckere Snacks für den kleinen Hunger zwischendurch.

● Acqua del Garda, Via della Libertà 15, 37016 Garda, Tel. +39 4 58 76 69 61
www.acquadelgardafragranze.com

ACQUA
DEL
GARDA
ITALY
FRAGRANZA
D'AMBIENTE
VERBENA FIORITA
ACQUA
DEL
GARDA
ITALY
FRAGRANZA
D'AMBIENTE
ROSA SELVATICA

Der Himmel voller Salami

24

Salami Haus, Metzgerei Erculiani Giuseppe in Limone

Im alten Zentrum des entzückenden Örtchens Limone wartet ein kleines Schlaraffenland darauf, entdeckt zu werden. Der Eingang zu diesem gus-tatorischen Glücksort liegt in einem schönen historischen Gebäude, malerisch eingerahmt zwischen zwei herrlich lila blühenden Bougainvilleen. In dem Geschäft hängt der Himmel nicht voller Geigen, sondern voller Salamistangen! Hier geht es um die Wurst, genauer gesagt: um Salami. Das „Salami Haus", wie die Metzgerei von Erculiani Giuseppe liebevoll genannt wird, ist ein perfekt funktionierendes Familienunternehmen. Fachberatung ist hier selbstverständlich, aber auch notwendig bei der immensen Auswahl und den vielen Geschmacksvariationen. Glücklicherweise kann man so viel probieren, wie man möchte (und kann) – das erleichtert die ein oder andere Kaufentscheidung, die hier nicht leicht gemacht wird. In Holzkisten und an den Wänden verteilt warten all die verschieden geformten Salamistangen, sorgfältig und liebevoll mit Fäden umwickelt und appetitlich dekoriert. Das Auge isst schließlich auch mit. Hier wird noch Wert auf handwerkliches Können, beste Herkunft der Zutaten und langsame Reifung gelegt. Das schmeckt man natürlich und das schlägt sich in der Qualität nieder: Die Würste sind mindestens zwei Monate haltbar, auch ohne Kühlung. Das Spezialgeschäft überzeugt vor allem durch die beeindruckende Auswahl an Geschmacksnuancen: scharf, mild, mit Nüssen, Fenchel, Gewürzen, Knoblauch, Pfeffer, Käse, Wein, Trüffel – man kann gar nicht alle angebotenen Sorten aufzählen, so groß ist die Auswahl.

Dieser einmalige Ort wird auch von vielen Einheimischen geschätzt, die hier gerne mit dem netten Fachpersonal fachsimpeln. Zu den beliebten Verkaufsklassikern gehören u. a. die Fenchelsalami mit wunderbar duftendem Wildfenchelsamen oder die feurig-pikante Salami mit Knoblauch, die einen Gaumen bevorzugt, der gut mit Schärfe umgehen kann. Und natürlich die klassische italienische Salami, die mit ihrem milden, leicht süßlichen Geschmack immer wieder glücklich macht. Einfach köstlich!

TIPP

Im Ristorante Gemma (Piazza Giuseppe Garibaldi 12) genießt man gerne leckere Fischgerichte.

● Salami Haus, Metzgerei Erculiani Giuseppe, Via Antonio Moro 12, 25010 Limone sul Garda, Tel. +39 3 65 95 40 13

Luft des Glücks

25 Giardino Botanico Heller in Gardone

Der Botanische Garten des Wiener Künstlers André Heller (Giardino Botanico Heller) ist ein Glücksort par excellence! Wer durch die unfassbar schöne, mehr als 10.000 Quadratmeter umfassende Gartenanlage schlendert, begegnet dem Glück an allen Ecken und Enden – ein verwunschenes Paradies, für dessen Entdeckung etwas Zeit eingeplant werden sollte. Es begann im Jahr 1988, als Heller dem deutschen Arzt und Naturwissenschaftler Arthur Hruska den Botanischen Garten abkaufte. Im Laufe der Jahre wurde ein Paradiesgarten mit über 3.000 Pflanzen aus der ganzen Welt geschaffen. „Musterkollektion an Weltgegenden" bezeichnet Heller seinen Garten, dessen gutes Wachstum er dem hervorragenden Klima, der „Luft des Glücks" zuschreibt. Für den kreativen Genussmenschen Heller ist das grüne Paradies mit seiner unglaublichen Vielfalt ein wahrer Glücksort, der nicht aufhört, ihn „mit Freude auszustatten".

Um auch andere an diesem Glück teilhaben zu lassen, hat der Künstler sein Reich der Sinne für alle geöffnet, die sich daran erfreuen wollen. Bekannterweise ist Glück das Einzige, was sich verdoppelt, wenn man es teilt. Glücksmomente lassen sich in dem magischen Ort reichlich erleben: z. B. bei den wunderschönen Orchideenwiesen, im meterhohen Bambuswald, im felsigen Hochgebirgstal mit drei Wasserfällen und einer 13 Meter hohen Nachbildung der Dolomiten oder an den romantischen Seeteichen, die mit Seerosen und Lotusblüten bedeckt sind, dekorative Schattenspender für die dort lebenden Koi-Karpfen. Indische und marokkanische Skulpturen sowie moderne Kunst berühmter Zeitgenossen wie Keith Haring und Roy Lichtenstein bilden ein wunderbares Miteinander von Kunst und Natur. Natürlich darf in einem Garten voller Glück auch nicht die Statue des Großen Ganesha fehlen, des Glücksgottes im Hinduismus. Wer sich auf die besondere Atmosphäre der unterschiedlichen kreativ inszenierten Erlebnisräume einlässt, begibt sich auf eine faszinierende Reise um die Welt. „Erfüllt von einem Gefühl der Freude" verlässt man diesen magischen Ort – allerdings nur sehr ungern!

TIPP

Traditionelle italienische Küche und leckere Pizzen bietet das nette Ristorante Da Pablo (Via Roma 45).

● Giardino Botanico Fondazione Andrè Heller, Via Roma 2, 25083 Gardone Riviera, Tel. +39 3 36 41 08 77, www.hellergarden.com

Balsam für die Seele

26 Dom Santa Maria Annunziata in Salò

Betrachtet man die sehr schlichte äußere Fassade des Gotteshauses am Altstadtrand des malerischen Ortes Salò, fällt es wirklich schwer, sich vorzustellen, dass es sich um die prächtigste und prunkvollste Kirche des Lago handeln soll. Obwohl die 1453 begonnene Bauzeit rund 50 Jahre betrug, ist die braune Backsteinfassade bis heute unvollendet geblieben. Lediglich das weiße, sehr imposante Marmorportal aus der Renaissance macht neugierig, ob sich mit der Ausstattung des Kircheninnenraumes etwas mehr Mühe gemacht wurde. Und in der Tat, wie so oft im Leben trügt der äußere Schein! Der dreischiffige Kirchenraum überrascht mit einem Übermaß an verschwenderischer Pracht, dass man fast geblendet ist. Herrliche Fresken zieren die Gewölbekuppel, der Fußboden besteht aus aufwendig gefertigtem Mosaik unterschiedlicher Marmorarten, die eine spannende 3D-Wirkung erzielen. Die prächtige, goldverzierte Orgel stammt aus dem 17. Jahrhundert, und der in Gold getauchte Altar aus dem 15. Jahrhundert beeindruckt mit seiner gewagten Komposition aus Edelmetall und filigranem Stuck. Der Innenraum des größten sakralen Kunstwerkes des Gardasees ist wirklich ein Glücksfall für alle Kunst- und Architekturliebhaber. Wer auf kunsthistorische Entdeckungsreise gehen will, hat hier viel zu bestaunen: zahllose Ölgemälde und Skulpturen von Engeln und Heiligen sowie das beeindruckende riesige spätgotische Kruzifix. Die andächtige Stille, die dieses imposante Gotteshaus erfüllt, ist aber auch geradezu prädestiniert, sich eine besinnliche Pause zu gönnen. Einfach auf den schön geschnitzten historischen Holzbänken Platz nehmen und seine Gedanken ordnen oder ihnen freien Lauf lassen. Einfach nichts tun, außer die gebotene Pracht und Schönheit individuell zu genießen. Man muss nicht gläubig sein, um die beruhigende Wirkung einer solch meditativen Auszeit in dieser glanzvollen Umgebung zu spüren. Ein solch stiller Glücksmoment in der Abgeschiedenheit, fernab des Alltagslärms, gibt wieder Kraft und tut einfach nur gut.

TIPP

Farbenfroh eingerichtet, direkt am Wasser: Papillon (Lungolago Zanardelli 69) mit mediterraner Küche.

● Duomo Santa Maria Annunziata, Piazza Duomo, 25087 Salò, Tel. +39 3 65 52 17 00
www.parrocchiadisalo.it

„Oh, Romeo" – „Oh, Julia"

27 Haus der Julia mit Balkon in Verona

Ein schmaler Hausdurchgang führt vom quirligen Obst- und Gemüsemarkt auf der Piazza delle Erbe zu dem wohl berühmtesten Wahrzeichen der Stadt, dem Balkon der Julia an der „Casa di Giulietta" (Haus der Julia). Die Wände des Durchgangs werden regelmäßig frisch getüncht, um wieder neuen Platz für darauf gekritzelte Liebesschwüre, Herzen und Namen der Liebsten aus aller Welt zu schaffen. Doch natürlich ist es nicht erlaubt, sich hier zu verewigen. Nach Durchschreiten des Gangs steht man in dem kleinen Innenhof vor dem berühmten Balkon, auf dem einst Julia gestanden und auf ihren Romeo gewartet haben soll. Dass die junge Frau ihr Leben mit dem tragischen Ende nur der Fantasie ihres Schöpfers William Shakespeare zu verdanken hat, tut der Anziehung für Verliebte (und solche, die es gerne werden wollen) bis zum heutigen Tag keinen Abbruch. Die wohl bekannteste Liebesgeschichte der Weltliteratur, „Romeo und Julia", spielt in Verona, obwohl Shakespeare Italien nie besucht hat. Dichtung und Wahrheit vermengen sich, was bleibt, ist die Sehnsucht nach ewiger Liebe! Deshalb avancierte die schöne Julia zur Schutzpatronin aller Verliebten. Sie beschützt junge Paare, kennt ihre Nöte und ist für viele Herzensangelegenheiten zuständig. Damit die Liebespilger einen beinahe realen Bezugspunkt haben, wurde 1972 nahe dem Balkon eine bronzene Julia-Statue aufgestellt. Wer deren rechte Brust berührt, wird auf ewig mit seinem Partner glücklich verbunden sein! Singles ist das Glück natürlich ebenfalls hold, denn sie werden nicht mehr allein durchs Leben gehen müssen. Welch romantische Vorstellung, wenn es nur im realen Leben auch so einfach ginge! Vielleicht doch, denn bekanntlich ist in der Liebe ja alles möglich. Deshalb wundert es auch nicht, dass die Brust der jungen Dame von all den flehenden Händen und damit verbundenen individuellen Herzenswünschen glänzend poliert ist. Wie heißt es so treffend bei Shakespeare: „So grenzenlos ist meine Huld, die Liebe so tief ja wie das Meer. Je mehr ich gebe, je mehr hab ich: Beides ist unendlich!"

TIPP

„Baci di Romeo e Giulietta" heißen die süßen Küsse, die es in der Pasticceria Flego (Via Stella 13) gibt.

● Casa di Giulietta, Via Cappello 23, 37121 Verona, Tel. +39 4 58 03 43 03
www.verona.com

Buon Appetito

28 Macelleria, Carne e Bottega Raccagni in Lazise

„Carne" (Fleisch) und „Bottega" (Einkaufen) liest man an dem Geschäft Raccagni, zentral in der Altstadt gelegen. Beide Bezeichnungen treffen zu, sind aber pures Understatement! Denn Familie Raccagni hat hier seit 1987 ein Feinschmeckerparadies aufgebaut, das seinesgleichen sucht! Das perfekte Einkaufserlebnis beginnt bereits vor dem Geschäft. Zauberhafte Dekoration animiert zum Innehalten und ausführlichen Bewundern. Auch im Geschäft fällt sofort die wundervolle Dekoration auf. Frederica, Familienoberhaupt und Seele des Geschäftes, hat die „künstlerische Leitung" übernommen und ist verantwortlich für alles Schöne im und vor ihrem Geschäft. Liebevoll gestaltet sie auch Geschenkkörbe, ganz nach Kundenwunsch. Wer ein leckeres Souvenir oder schöne Geschenkideen für seine Lieben sucht, wird hier fündig.

TIPP

In Gipi's Bar (Via Francesco Fontana 16) herrscht eine lockere, entspannte Atmosphäre.

Fredericas Sohn Luca trat in die Fußstapfen seines verstorbenen Vaters und wurde Metzgermeister. Versiert herrscht er über die bestens bestückte Fleischtheke. Das Fleisch stammt aus eigener Schlachtung.

Zu gutem Essen gehören natürlich auch konvenierende Weine. Jetzt tritt Fredericas Tochter Sarah auf den Plan, Fachfrau für edle „Sorgenkiller". Typische regionale Produkte, spannende Raritäten, exzellente Qualität, beste Fachberatung und ganz viel Liebe zur italienischen Küche machen den Erfolg des Geschäftes aus. Zweibeinige Käsemäuse treffen hier auf regionale Besonderheiten wie den halbharten Formagella di Tremosin oder den Garda, einen kräftigeren Hartkäse, oder Bagòss, eine absolute Rarität. Für den kleinen Hunger zwischendurch gibt es lecker belegte Sandwiches, die an den hübschen Tischen vor dem Lokal genossen werden können. Selbstversorger freuen sich über köstliche selbst gemachte Gerichte wie Lasagne, Grillfleisch in verschiedenen Marinaden oder gegrilltes Hähnchen, eine köstlich duftende Hommage an die deutschen Gäste der nahen Campingplätze. Schlemmen wie Gott in Frankreich – soweit muss man nicht fahren, in's Schlaraffenland Lazise genügt!

● Carne e Bottega Raccagni, Via Porta San Zeno 4, 37017 Lazise, Tel. +39 4 57 58 00 81
www.italiandeli.shop

6
4
LE NOSTRE
OUR SPECIAL
SANDWICHES

Dem Himmel etwas näher

29

Das Dorf Pai di Sopra

Jubel, Trubel, Heiterkeit – so könnten die Mottos vieler Ortschaften am Gardasee lauten, vor allem am Ostufer. Tag und Nacht ist hier bestens für abwechslungsreiche Unterhaltung gesorgt. Doch manchmal sehnt man sich im Urlaub nach erholsamer Ruhe, nach einem Ort, an dem manches bedächtiger angegangen werden möchte. Auch das bietet der Lago seinen Besuchern, man muss nur wissen, wo! Kleine Ortschaften wie z. B. Marnigna, Assenza oder Castelletto, alle sehr dekorativ an den Ausläufern des stattlichen Monte-Baldo-Gebirgszuges am Ostufer des Sees gelegen, sind solche wundervollen beschaulichen Kleinode. Absolutes Highlight und purer Erholungsort ist das Dorf Pai di Sopra, zwischen Brenzone und Torri del Benaco zu finden. Hier in luftiger Höhe leben rund 200 Einwohner. Eine schmale Straße mit etlichen „Tornanti" (Kehren) führt zu der netten Ortschaft. Wer möchte und fit ist, kann auch direkt vom Lago aus den ziemlich steilen Wanderweg von Pai di Sotto nehmen. Rund 2,5 Stunden sollte man für den Aufstieg einplanen. Der friedliche Ort Pai di Sopra mit seinen alten Steinhäusern und der alten Kirche liegt malerisch am Berghang – wirklich bilderbuchreif! An der kleinen schmucken Piazza San Marco kommt man bei einem Caffè schnell mit Einheimischen ins Gespräch. Wer durch die alten Gässchen schlendert, hat das Gefühl, dass in den historischen Mauern die Zeit spürbar langsamer verstreicht. Das tut auch mal gut! Der schönste Platz in diesem Mikrokosmos befindet sich auf der Terrasse vor dem Haupteingang der Chiesa di San Marco aus dem 15. Jahrhundert mit ihren sehenswerten Fresken (18. Jahrhundert). Vor hier aus genießt man unbeschreibliche Panoramablicke auf die Olivenhaine, die seit jeher am Hang liegen, die Dächer der alten Dorfhäuser, die zauberhafte Halbinsel Val di Sogno, das Sandalino-Tal und natürlich auf den glitzernden See. Hier oben, weit weg vom Trubel am Lago, sieht alles so friedlich und glücklich aus – pure Entspannung!

TIPP

Die Pizzeria Apollo (Piazza San Marco) verwöhnt mit sehr leckeren Pizzen. Unbedingt das hausgemachte Tiramisu probieren!

● 37010 Pai di Sopra

Maria kann immer helfen

30

Wallfahrtsort Madonna della Corona nahe Spiazzi

Es gibt Orte am Gardasee, ja in ganz Italien, die man um ihrer Schönheit willen einfach gesehen haben muss. Eine dieser wundervollen Plätze ist der Wallfahrtsort Madonna della Corona an der Westküste. Allein schon die Lage ist spektakulär: Das Heiligtum schmiegt sich wie ein Schwalbennest in rund 700 Metern über dem Lago an die steil aufragende Ostkante des Monte Baldo. Aber auch die Bauweise ist speziell: Die Westwand und Teile der Nordwand sind direkt in den Felsen hineingebaut und bestehen daher ausschließlich aus naturbelassener Felswand – eine architektonische Höchstleistung, und das im 12. Jahrhundert!

Bis 1922 konnten Wallfahrer die Kirche, einer der höchstgelegenen Wallfahrtsorte Italiens, nur über den steilen Wanderweg von Brentino Belluno aus erreichen. Heute haben es die Gläubigen wesentlich einfacher: Entweder man nimmt den Kleinbus oder man folgt dem Sträßchen vom oberhalb gelegenen Spiazzi über einige Serpentinen hinab zum Gotteshaus (Start am Dorfplatz, rund 15 Minuten Fußweg). Die Wallfahrtskirche ist ein ganz wundervoller und außergewöhnlicher Glücksort, der seine Besucher mit tiefer Ehrfurcht und echter Bewunderung erfüllt. Bereits der Spaziergang zu diesem charismatischen Ort wird zum unvergesslichen, einmaligen Erlebnis! Beeindruckend realistisch gearbeitete, lebensgroße Bronzefiguren erzählen die Kreuzigungsgeschichte. Vor der Kirche angekommen, sollte man sich etwas Zeit nehmen und ausgiebig den sensationellen Panoramablick genießen. Betritt man anschließend das Innere des würdigen Gotteshauses, imponiert als Erstes die hier vorherrschende Ruhe. Gläubige pilgern meist gleich zu dem wichtigsten Heiligtum, der Pietà, einer etwa 70 Zentimeter großen Marienfigur, die 1432 der Kirche geschenkt wurde. Ihr kann man getrost all seine Probleme anvertrauen. Sie ist daran gewöhnt und weiß oft um realisierbare Lösungen, wie die zahlreichen Votivtafeln aus etlichen Jahrhunderten eindrucksvoll beweisen. Maria kann also immer helfen, was für ein Glück, so jemanden zu kennen!

TIPP

In der Kirche finden regelmäßig Messen statt, auch auf Deutsch.

● Santuario Basilica Madonna della Corona, Località Santuario 1, 37020 Spiazzi di Ferrara di Monte Baldo
www.madonnadellacorona.it

Noblesse oblige

31 Palazzo del Bene in Rovereto

Was für ein herrlicher Anblick! Was für ein künstlerisches Meisterwerk! Die Rede ist von dem überaus prächtig verzierten Palazzo del Bene in Rovereto, malerisch an der romantischen Piazza Rosmini gelegen. In seinen großzügigen Räumlichkeiten residierte einst stilgerecht die reiche Adelsfamilie del Bene. Das imposante Gebäude zählt bis heute zu den schönsten Häusern der Stadt und blickt auf eine bewegte Geschichte zurück. Graf d'Arco, ebenso berühmter wie betuchter Sprössling aus dem italienischen Uradelsgeschlecht, erweiterte das Gebäude im 16. Jahrhundert großzügig. Anschließend ging das prachtvolle Haus in den Besitz der Klarissinnen über, später gehörte es der Gemeinde, die darin eine Poststelle einquartierte. Sein jetziges Äußeres erinnert an venezianische Paläste aus der Renaissance und ist das Werk des Architekten Augusto Sezanne. Heute residieren in dem Palazzo die Sparkasse und die Accademia Roveretana degli Agiati, die u. a. abwechslungsreiche Veranstaltungen wie Konzerte, Ausstellungen und Theateraufführungen organisiert. Während dieser Events können einige Säle von innen besichtigt werden.

Wer einen entspannten Nachmittag verbringen möchte, setzt sich auf eine der Bänke an der hübschen Piazza Rosmini oder nimmt am Rand des Brunnens auf der Piazza Platz. Das unterhaltsame Spiel der Wasserfontänen ist der lebendige Mittelpunkt des einladenden Platzes. Von der Piazza aus lassen sich in aller Ruhe die vielen filigranen bunten Malereien an der Vorderseite des Palazzos entdecken. So ranken sich beispielsweise grüne Girlanden mit roten Granatäpfeln romantisch um die hübschen alten Butzenscheiben. Zwischendurch gönnt man sich einen Caffè in der kleinen authentischen Bar am Platz, in der sich Einheimische auf einen kurzen Plausch treffen. Oder man besorgt sich an dem historischen Kiosk neben der Bar eine Zeitung (auch deutsche) zum ausgiebigen Schmökern. Ein wahrhaft herrlich entspannter Nachmittag. Zum Glücklichsein braucht es eben nicht viel!

TIPP

In der Sparkasse im Palazzo stehen Geldautomaten zum Geldabheben rund um die Uhr bereit.

● Palazzo del Bene, Piazza Rosmini 16, 38068 Rovereto

CASSA DI RISPARMIO

Bester Flirtplatz der Stadt

32

Piazza Brà in Verona

Wer etwas in die Geschichte von Verona eintauchen möchte, sollte es sich auf der sehenswerten Piazza Brà gemütlich machen. Diese weit ausladende Piazza, Hauptplatz der Stadt, ist das Geschichtsbuch des Ortes, in dem sich gut schmökern lässt. Denn rings um diesen beliebten Flanierplatz reihen sich – zwischen unzähligen Bars und Restaurants – prachtvolle Gebäude aus 2.000 Jahren Zeitgeschichte aneinander. Das imposanteste unter ihnen ist fraglos das römische Amphitheater nördlich der Piazza. Berühmt ist es für seine wundervollen, opulent inszenierten Opernaufführungen während der Sommermonate. Südlich des Platzes stehen die beiden sehr gut erhaltenen Torbögen Portoni della Brà aus dem 14. Jahrhundert, quasi die Eingangstüren in das historische Stadtzentrum. Die dort angebrachte Uhr zeigt seit 1871 zuverlässig die Zeit an. Das 1840 erbaute monumentale Gebäude im Südosten des Platzes, der Palazzo Municipale, auch Palazzo Barbieri genannt, dient heute als Rathaus. Der zauberhafte Park mit seinen alten Bäumen im Zentrum des Platzes ist gern genutzte grüne Erholungsoase vieler Einheimischer. An heißen Sommertagen erfreuen sich besonders die Bänke rings um den Springbrunnen „Fontana delle Alpi" großer Beliebtheit. „Struca limoni" (Zitronenpresse) tauften ihn die Veroneser wegen seiner zweifelhaften Optik. Den Beinamen „Münchner-Kindlbrunnen" erhielt das wasserspendende Objekt, weil es im Zuge der Städtepartnerschaft von München gestiftet wurde.

TIPP

Das sehenswerte historische Stadtzentrum von Verona ist seit 2000 UNESCO-Weltkulturerbe.

Die ganze Piazza Brà ist für die Veroneser wie eine große Bühne unter freiem Himmel. Bis Mitternacht promeniert man hier, möchte man, schick herausgeputzt, sehen und gesehen werden. Man lacht, plaudert und flirtet was das Zeug hält. „… es geht auf den Brà … die Kavaliers treten an die Kutschen, unterhalten sich mit den Damen, und es dauert eine Weile …" (so Goethe) – bis auf die Kutschen, die heute vor allem durch Vesparoller ersetzt wurden, hat sich auf der Piazza seit Goethe nicht viel geändert: leichtes glückliches Leben unter freiem Himmel – herrlich!

● Piazza Brà, 37121 Verona

Spaß für Groß und Klein

33

Freizeitpark Gardaland in Castelnuovo

Den süßen lebensfrohen Drachen Prezzemolo (Petersilie) kennt in Italien jedes Kind. Der fröhliche Geselle wohnt mit seinen Freunden, der übergewichtigen Möve Pagui, der wunderschönen Prinzessin Aurora, der lustigen Fledermaus Mously, dem vorwitzigen Tiger Ti-Gey und dem experimentierfreudigen Panda Bambù in einem imposanten Baum. Dieser grüne Riese mit seinen kugelrunden orangefarbenen Früchten steht in dem 46 Hektar großen Freizeit- und Themenpark Gardaland, der zwischen Lazise und Peschiera in Castelnuovo del Garda liegt. Ein wahrer Glücksort für die ganze Familie! Über 40 spannende, lustige und abenteuerliche Attraktionen garantieren leuchtende Augen, nicht nur bei den Kindern! Damit man bei dieser großen Fläche und den vielfältigen abwechslungsreichen Angeboten nicht den Überblick verliert, ist der Freizeitpark praktischerweise in vier Themenbereiche aufgeteilt: Fantasy, Adrenalin, Adventure und Show. Die Jüngsten können u. a. das Zauberhaus von Prezzemolo besichtigen oder mit dem lustigen Zug eine Reise ins Land der Fantasie unternehmen. Bei den Älteren ist richtig viel Mut gefordert, wenn sie von einem 40 Meter hohen Turm in den Weltraum springen oder sich mit Spitzengeschwindigkeit auf eine spannende geheime Mission begeben. Ebenfalls nichts für Warmduscher ist der Trip mit der „Black Hole", einer Achterbahn, die besonders viel Nervenkitzel bietet! Extremer Adrenalinkick ist beim fast freien Fall garantiert, die anschließenden Glücksgefühle auch. Dagegen sind die zahlreichen Shows, in denen „nur" getanzt und gesungen wird, pure Entspannung. Verhungern muss man in dem Freizeitpark natürlich auch nicht. Beinahe an jeder Ecke bieten sich verschiedene Möglichkeiten, sich variantenreich mit Essen und Trinken zu versorgen. Preisgünstiger ist es natürlich, die eigene Brotzeit und Getränke im Rucksack mitzunehmen. Wenn am Ende des ereignisreichen Tages Prezzemolo lieb zum Abschied winkt, sind alle über die gemeinsam erlebte Familienzeit einfach nur glücklich – versprochen!

TIPP

Der kleine Kiesstrand Lido ai Pioppi am Yachthafen in Peschiera lädt zum Baden ein (Liegestuhlverleih).

● Gardaland Park, Via Derna 4, 37014 Castelnuovo, Tel. +39 4 56 44 97 77
www.gardaland.it

Glücklichstes Dorf Italiens

34 Steintisch Preonda an der Promenade in Bardolino

Ein Bummel durch die zauberhafte Altstadt von Bardolino ist beinahe ein Muss für jeden Urlauber! Auffallend ist hier – im Gegensatz zu etlichen anderen Orten am See –, dass die Gassen etwas breiter angelegt wurden und im rechten Winkel zu einander stehen. Die Ursprünge des charmanten Örtchens gehen auf eine Pfahlbausiedlung zurück. Später dann haben Römer, Venezianer, Österreicher und das Königreich Lombardo-Venetien ihre architektonischen Spuren hinterlassen, die man heute noch bewundern kann. Bardolino ist ein Glücksort par excellence – und das auch ganz offiziell: 2011 wurde es zum „glücklichsten Dorf Italiens“ gekürt! Zu dieser Auszeichnung hat sicherlich auch ein weiterer kleinerer Glücksort in Bardolino selbst beigetragen: ein eher unscheinbares historisches Objekt in Form eines einfachen, niedrigen Steintisches, dessen Zweck sich auf den ersten Blick nicht sofort erschließt. Er steht am alten Hafen, nahe dem weithin sichtbaren Scaliger Wachturm und unmittelbar an der bei Alt und Jung vor allem abends beliebten Uferpromenade. Bis heute gibt das schlichte Steinobjekt mit einem geschätzten Alter von etwa 800 Jahren seine Herkunft nicht preis. „Preonda“ (pre=vor, onda=Welle) nennen die Einheimischen ihren kleinen Glücksort. Denn seit vielen Generationen hält sich hartnäckig das Gerücht, dass der historische Tisch ein echter Glücksbringer ist: Jeder, der diesen Steintisch berührt oder sich - noch empfehlenswerter, da wesentlich wirksamer – auf ihn setzt, wird die Liebe seines Lebens finden. Zahlreiche glückliche Paare aus dem Ort bestätigen gerne die magische Wirkung! Im Zuge des aufkommenden Tourismus in Bardolino wurden die wirksamen Zauberkräfte des Steintisches touristenfreundlich erweitert. Es heißt: Jeder Besucher, der den Steintisch kurz streichelt und/oder auf ihm Platz nimmt, kommt bald wieder nach Bardolino zurück. Auch das scheint bestens zu funktionieren, denn viele Erholungssuchende sind langjährige Stammgäste!

TIPP

Die Wine Bar Pre'Onda (Piazzetta Mazzini 9) bietet neben gutem Wein und leckerem Essen auch Livemusik.

● Steintisch, Lungolago Francesco Lenotti, 37011 Bardolino

"FAI AGLI ALTRI
CIÒ CHE VORRESTI
FOSSE FATTO A TE"
15 Maggio 2018

Friede sei mit euch

35 Pfarrkirche Santa Maria Assunta in Garda

Der schmucke Ort Garda ist Namensgeber des Sees und hat sich vom einstigen bescheidenen Fischerdorf zu einem der beliebtesten Ferienorte am Lago gemausert. Wen wundert das bei der schönen Lage inmitten üppiger mediterraner Vegetation! Malerisch schmiegt sich Garda an die sanft geschwungene Bucht und wird vom knapp 300 Meter hohen Monte Sairo beschützt, La Rocca genannt. Von diesem herrlichen Aussichtsplatz bietet sich eine beeindruckend schöne Panoramasicht auf Ort und See. Die kleine Altstadt zwischen den beiden mittelalterlichen Festungstürmen punktet mit historischen Gebäuden, überwiegend im venezianischen Stil errichtet. In ihren kleinen Gässchen kann man sich wunderbar treiben lassen. Hier finden sich u. a. einladende Cafés, Restaurants, Boutiquen, Eisdielen und Souvenirläden. Mit oder ohne Seeblick, je nach persönlichem Gusto – die Auswahl ist groß. Im Hochsommer herrscht hier allerdings manchmal sehr viel Trubel. Wem das etwas zu viel wird und wer entspannende Ruhe sucht, besucht die wunderbare Pfarrkirche Santa Maria Assunta. Zu Füßen der Rocca gelegen ist das fröhlich in weiß-gelb getünchte Gotteshaus ein beinahe meditativer Glücksort der Stille. Das barocke Kleinod mit dem separat stehenden Turm bietet in seinem Inneren verschiedene Möglichkeiten einer Pause, beispielsweise vor dem Altar der Heiligen Maria, der die Kirche geweiht ist. Hier kann man für sich und seine Liebsten eine Kerze anzünden und der Heiligen seine Wünsche mitteilen. „Pax vobis" (Friede sei mit euch) gibt sie uns dann mit auf den Weg – ein schöner Wunsch, der immer gerne aufgenommen wird. Ein weiterer Ort des „In-sich-Gehens" ist der wundervolle Kreuzgang mit seinen teilweise noch erhaltenen zauberhaften Fresken aus dem 15. Jahrhundert. Auf dem mit Kieselsteinen aus dem Lago gepflasterten Innenhof steht in seiner Mitte ein großer Olivenbaum. „Ein Olivenbaum hat Zeit, er lässt sich nicht drängen", sagt man am See. Vielleicht ist diese Lebensweisheit der Grund, weshalb man hier das Leben auf eine sehr liebenswürdige und leichte Art meistert!

TIPP

Der Strand Baia delle Sirene gilt als einer der schönsten Strände am Gardasee.

● Pfarrkirche Santa Maria Maggiore, Corso Italia 6, 37016 Garda
www.parrocchiagarda.com

Romantische Idylle

36 Kleiner Hafen in Castelletto di Brezone

Welch wundervoller Ort! Castelletto di Brenzone, am nordöstlichen Ufer, verzaubert in seinem alten Ortskern. Das ehemalige Bauern- und Fischerdorf zu Füßen des Monte Baldo bietet seinen Urlaubern die perfekte Kombination aus herrlichen Wandertouren mit Panoramasicht und Relaxen am See, alles etwas abseits vom touristischen Trubel. Die Dorfbewohner lieben es, gern und ausgiebig zu feiern. Ihre feuchtfröhlichen Volksfeste sind fester Bestandteil im Jahreskreis. Wie die festliche Osterprozession „Via Crucis Vivente", die „Festa di San Giovanni" auf dem gleichnamigen Platz oder das beliebteste Event im Jahr, die „Festa de l'Ondes de Luj", bei dem köstliche regionale Spezialitäten angeboten werden.

Wer durch die Gässchen der überschaubaren Altstadt bummelt, vorbei an der Kirche San Zeno, einer der ältesten am Lago, gelangt schnell zum malerischen Hafen. Das kleine Hafenbecken wird an drei Seiten von historischen Häusern in fast allen Farben harmonisch eingerahmt. Von der Kaimauer aus lässt sich die Hafenidylle am besten beobachten. Wenn beispielsweise die Fischer in ihren schmucken Holzbooten mit dem Tagesfang zurückkehren, ihre Netze ordnen und lautstark über den heutigen Fang diskutieren. Dabei wird ausladend gestikuliert und viel gelacht. Italienische Lebensfreude, die sehr ansteckend wirkt! Besitzer der umliegenden Restaurants nehmen direkt vom Fischerboot aus die Ware entgegen, die dann – köstlich zubereitet – auf den Tellern der hungrigen Besucher landet. Haben die Fischer ihre tägliche Arbeit erledigt, kehrt wieder Ruhe in dem beschaulichen Hafen ein. Nun schlägt die Stunde der Flaneure auf der Uferpromenade. Oder man genießt in einem der einladenden Bars am Wasser einen Aperitif. Spaß macht auch, einfach von einer Bank auf der Kaimauer aus zu beobachten, wie das Licht der untergehenden Sonne die bunten Häuserfronten in herrliche warme Farben taucht. Ein wundervolles Naturschauspiel, beinahe schon unwirklich schön!

TIPP

Das Seeufer des hübschen Örtchens bietet eine perfekte Kulisse für den Markt am Dienstag (8–13 Uhr).

● Kleiner Hafen, 37010 Castelletto di Brenzone

RISTORANTE
RISTORANTE da Umberto
CIRCOLO NAUTICO BRENZONE

Was für eine Aussicht

37 Panoramaaufzug zum Bastione in Riva del Garda

Rund 150 Meter über der historischen Altstadt von Riva del Garda thronte majestätisch seit dem 16. Jahrhundert eine venezianische Festung. Ziel des Bollwerkes war die Absicherung des Städtchens gegen mögliche Angriffe aus dem Norden. Erbaut wurde die Burg mit dem charakteristischen Rondell aus weißem Bruchstein von den Venezianern, die 1440 bis 1509 in dieser Region herrschten. 1703 sollte das Schicksalsjahr für den Bastione werden – er wurde während des Spanischen Erbfolgekrieges von den Franzosen gesprengt. In den 1950er-Jahren wurde mit der Restaurierung der Ruine begonnen. Auf einem gepflasterten Fußweg mit mehreren Serpentinen gelangt man nach rund 20 Minuten zu dem geschichtsträchtigen Gebäude auf dem Berg. Wer es bequemer haben möchte, wählt den 2020 eröffneten Panoramaaufzug. Die rund zweiminütige Fahrt vermittelt schon einen kurzen Eindruck davon, was den Besucher oben erwartet: ein spektakulärer, einmalig schöner Ausblick auf den Lago! Da rückt die begehbare Ruine schnell an zweite Stelle, genau wie das Panoramarestaurant, das in luftiger Höhe zu einem Besuch einlädt. Von hier oben erscheint die Welt wie eine von Menschenhand geschaffene Miniatur-Spiellandschaft. Die Fähren, die unermüdlich ihre vorgegebenen Strecken fahren, sehen wie Spielzeugschiffchen aus. Die Dächer der Altstadt von Riva mit ihren unterschiedlichen Ziegelfarben bilden ein hübsches Mosaik, von kunstfertigen Handwerkern zu einem wunderschönen Gesamtbild geformt. Das tiefe Blau des Sees erscheint von hier oben noch intensiver – vielleicht weil der blaue Himmel ein Stück näher gekommen ist? Das Wasser glitzert verheißungsvoll! Mit etwas Glück und Geduld kann man in dem glitzernden Blau auch Bennie erkennen! Das gutmütige, rund 8 Meter lange Monster des Gardasees soll seit über 500 Jahren im See leben – glaubt man der Legende. An diesem grandiosen Weitblick kann man sich nicht sattsehen, ein optischer Genuss, der fast schon wie Meditation wirkt und befreiende Glücksgefühle erzeugt – wunderbar!

● Panorama-Glaslift, Piazza S. Rocco 15, 38066 Riva del Garda, Tel. +39 4 64 07 68 61
www.bastione.eu

HOTEL EUROPA

Gesund für Körper und Seele

38 Therme in Colà

Der zauberhafte Ort Colà, in luftiger Höhe im venetischen Hinterland gelegen und rund vier Kilometer vom quirligen Lazise entfernt, ist ein absolut idyllischer Flecken, fernab vom touristischen Trubel. Bei einem entspannten Spaziergang durch die charmante Ortschaft spürt man sofort das einzigartige Flair. Trotz der überschaubaren Größe lässt sich hier viel entdecken, z. B. zahlreiche historische Prachtbauten mit herrlichen Parkanlagen. Darunter die Villa Miniscalchi aus dem 18. Jahrhundert oder die Villa Da Sacco. Ein weiteres Highlight ist die Kirche Madonna della Neve aus dem 16. Jahrhundert. Auf einem Hügel oberhalb von Colà erbaut, erlaubt sie einen grandiosen, genussvollen Panoramablick. Die beeindruckendste Sehenswürdigkeit ist jedoch die 13 Hektar große Parkanlage Villa dei Credi. Hier lädt die Therme mit angeschlossenem Thermalbad auf einer Fläche von rund 5.000 Quadratmetern zu einem wohltuenden und entspannten Besuch ein. Dieses Thermalparadies ist wie geschaffen dafür, die Seele baumeln zu lassen und gleichzeitig die eigene Gesundheit zu fördern. Das 37 Grad warme Heilwasser ist u. a. wegen seiner entzündungshemmenden und gleichzeitig reinigenden Wirkung Balsam für die Haut. Glück für alle, die beispielsweise unter Bewegungs- und Hautbeschwerden leiden. Das Thermalwasser, 1996 vom italienischen Gesundheitsministerium offiziell als „Heilmittel" anerkannt, sprudelt aus zwei Quellen in 160 und 200 Metern Tiefe. Die beiden damit gespeisten natürlichen (!) Badeseen mit Unterwasser- und Nackenmassage-Anlagen bezaubern besonders bei Dunkelheit, wenn die Wasserfontänen im magischen bunten Licht erstrahlen. Wer möchte, kann in der Villa dei Credi, einem venezianischen Palast, luxuriös übernachten. Nach ausgiebigem gesundheitsförderndem Badevergnügen empfiehlt sich ein erholsamer Spaziergang durch den weitläufigen Park mit seinen 100-jährigen Baumriesen. Der relaxte Tag ist ein fantastisches Erlebnis für Körper, Geist und Seele – einfach der perfekte Glücksort für Erholung und Entspannung.

TIPP

Das traditionelle mehrtägige Volksfest „Madonna della Neve" findet hier jährlich Anfang August statt.

● Villa dei Cedri, Piazza di Sopra 4, 37017 Colà di Lazise, Tel. +39 4 57 59 09 88
www.villadeicedri.it

Parco Termale del Garda
ENTRATA - ENTRANCE - EINGANG
23
TRATTORIA
LE PALAZZOLE

Zu Besuch bei Neptun

39 Piazza Cesare Battisti in Rovereto

Inmitten der historischen Altstadt von Rovereto liegt ein wunderschöner kleiner Glücksort, der wegen seiner einzigartigen Atmosphäre einen Besuch wert ist. Auf der Piazza Cesare Battisti (auch Piazza delle Oche [Gänse] genannt) scheint die Zeit stehen geblieben zu sein. Der ruhige Platz (15. Jahrhundert) hat sich etwas in der quirligen Fußgängerzone versteckt. Touristen verirren sich vermutlich deshalb seltener hierher, meist trifft man Einheimische, wie auch Neptun, den römischen Gott des fließenden Wassers, der sich unübersehbar genau in der Mitte der zauberhaften Piazza positioniert hat. Seinen Dreizack in der rechten Hand haltend, lehnt er lässig an seine drei Meeresgefährten. Die imposante Figur verschönert seit 1976 den jetzigen Standplatz. Sie ist Teil eines Brunnens, dem ältesten der Stadt und wurde 1736 vom Bildhauer Domenico Molin geschaffen.

Den besten Blick auf Neptun genießt man von der Caffètteria Bontadi aus – malerisch und ausgesprochen dekorativ auf dem kleinen Platz eingerahmt von den wundervollen, unterschiedlich hohen Häuserfronten aus dem 17. und 18. Jahrhundert. Hier gesellen sich zu den optischen auch noch lukullische Highlights! Bei der großen Auswahl an köstlichen Sandwiches und süßem Gebäck – selbstverständlich handgemacht – fällt die Entscheidung schwer. Dazu reicht man hier den legendären traditionsreichen Bontadi-Kaffee aus Rovereto, der in etlichen Varianten kredenzt wird. Ein Glücksfall für alle Liebhaber dieses leckeren schwarzen Muntermachers ist, dass man hier diesen Kaffee auch für zu Hause erwerben kann. Die einheimische Kaffeerösterei Bontardi existiert seit 1790 und ist damit die älteste Italiens! Vielleicht macht dieser zauberhafte kleine Platz auch deshalb so glücklich, weil er von der Madonna mit Kind samt Heiligen bestens beschützt wird. Die hübsche „Madonna della Stella“ findet man an dem Lenner-Haus, einem barocken Palast an der Piazza. Die heilige Madonna steht u. a. für Hoffnung – und davon kann man in allen Lebenslagen bekanntlich ja nie genug haben!

TIPP

Kein, aber fein präsentiert sich das nahe Kaffee-Museum von Bontadi (Vicolo del Messaggero 10).

● Piazza Cesare Battisti, 38068 Rovereto

PULL LOVE

Das etwas andere Picknick

40 Ponte dei Voltoni in Peschiera del Garda

Das geschäftige Peschiera hebt sich durch eine echte Besonderheit von anderen Orten am Gardasee ab: Durch das Städtchen strömt der einzige Abfluss des Sees, der Fluss Mincio, der schließlich nach 75 Kilometern Reise in den Po mündet. Da dieser wiederum in die Adria mündet, war der Mincio schon zur Römerzeit als wichtige, wirtschaftliche Wasserstraße bedeutsam. Die Römer schätzten den Fluss aber auch wegen seines Fischreichtums, wobei sich einst vor allem Aale in dem türkisblauen Wasser tummelten. Im 13. Jahrhundert errichtete man in Peschiera auf der einzigen Insel im Mincio eine imposante Festung. Das Bollwerk in Form eines fünfzackigen Sternes (Pentagon) wurde wegen seiner strategischen Lage über die Jahrhunderte hinweg stetig erweitert und verstärkt. Scaliger, Venezianer, Napoleon und natürlich die Italiener hinterließen bauliche Veränderungen an der Anlage. Wer heute durch das historische Zentrum von Peschiera mit seinen zahlreichen Kanälen und malerischen alten Häusern bummelt, entdeckt überall noch die Reste der ehemals größten Militäranlage des Gardasees. Wie beispielsweise die wunderschöne Brücke Ponte dei Voltoni, ein bis heute beeindruckendes stolzes Bauwerk. 1556 erbaut ist diese Backsteinbrücke mit ihren fünf charakteristischen Torbögen eine klassische, zeitlose, schlichte Schönheit. Der beste Blick auf das beliebte Fotomotiv bietet sich von einem der zahlreichen Restaurants oder Cafés an der Uferpromenade. Noch individueller wird es, wenn man über den Hang hinter dem Bauwerk auf die Brücke steigt und hier Platz nimmt. Von hier aus genießt man den herrlichen Ausblick auf die kleine Mincio-Insel, den gemächlich fließenden Fluss und den Lago – wirklich sehr beeindruckend. Was für ein Glück, dass man eine leckere Brotzeit und etwas Wein mitgenommen hat! Denn dieser Platz eignet sich optimal für ein perfektes Picknick! Vor allem in den Abendstunden zu empfehlen, wenn magisches Licht alles in Goldtöne taucht und verzaubert – unvergesslich schön!

TIPP

Schöne Badestrände bietet beispielsweise der Lido Cappuccini und der kostenpflichte Braccobaldo Beach.

Ponte dei Voltroni, 37019 Peschiera del Garda

Selfie mit Dichterfürsten

41

Scaligerburg mit Sala di Goethe in Malcesine

Der bekannte Dichterfürst Johann Wolfgang von Goethe brach 1786 inkognito zu seiner „Italienischen Reise“ (1786–1788) auf. Am 12. September erreichte die Postkutsche den Gardasee, genauer gesagt das Örtchen Torbole. In der Nacht um drei Uhr morgens ging es mit einem Boot und zwei Ruderern in Richtung Süden weiter. Als der Wind nach Norden drehte und „das Rudern wenig gegen die übermächtige Gewalt half“, musste das Boot notgedrungen im Hafen von Malcesine anlegen. Bereits vom Wasser aus war Goethe von der prächtigen Scaligerburg begeistert. Er wollte seinen ungeplanten Aufenthalt nutzen, um „das Schloss“ mit den typischen Schwalbenschwanzzinnen zu zeichnen. Doch daraus sollte „ein gefährliches Abenteuer“ werden, das der Dichterfürst nur „mit gutem Humor“ überstand, wie er in sein Tagebuch notierte. Denn man hielt den zeichnenden Künstler für einen gefährlichen österreichischen Spion und wollte ihn deshalb sogar verhaften. Nach längeren Diskussionen mit der örtlichen Polizei stellte sich heraus, dass ein Einheimischer namens Gregorio, der einige Zeit in Frankfurt am Main in Diensten stand, mit dem aus Frankfurt stammenden Dichter gemeinsame Bekannte hatte – das Eis war gebrochen!

TIPP

Zum Besuch passtdie Lektüre von Goethes „Italienischer Reise“.

Die Bronzebüste vor der Burgruine von Malcesine zeigt Goethe heute mit seinem weit ausladenden Hut. Das Denkmal erinnert an diesen denkwürdigen Vorfall und ist beliebter Fototreff für Goethe-Fans. Ein Selfie mit dem berühmten Dichterfürsten – wo sonst hat man so viel Glück? Der nächste Hotspot für „Goetheaner“ befindet sich im „Sala di Goethe“ (Goethe-Saal) in der Burg. Dort gibt es u. a. die berühmte Zeichnung, die beinahe zur Verhaftung geführt hätte, zu bewundern, zwar nur als Kopie, aber das stört einen echten Goethe-Fan nicht. Tiefe Glücksgefühle sind auch bei dem atemberaubenden grandiosen Blick garantiert, der sich von der Burgmauer aus auf die malerische Altstadt und den zauberhaft glitzernden See bietet. Jetzt ist man dem Dichterfürsten wieder ganz nahe: „Ein köstliches Schauspiel, der Gardasee, den wollte ich nicht versäumen …!“

● Castello Scaligero di Malcesine, Via Castello 1, 37018 Malcesine, Tel. +39 4 56 57 03 33, www.visitmalcesine.com
● ÖPNV: Bus 163, 164, 183, 184

GOETHE
1786

Ergreifende Schlichtheit

42 Chiesa San Severo in Bardolino

Wer der Kirche San Pietro am nördlichen Stadtrand von Bardolino einen Besuch abstatten möchte, muss sich im Vorfeld darüber im Klaren sein, dass ihn kein Gotteshaus mit lebensfroher überschäumender barocker Pracht erwartet. Vielmehr betört das Bauwerk mit seinem hohen Campanile (Glockenturm) durch pure Schlichtheit. Die kleine Kirche, bis zum 15. Jahrhundert geistiges Zentrum von Bardolino, ist hauptsächlich ein Ort der Stille, ein Zufluchtsort, der gerne aufgesucht wird, um dem zum Teil hektischen Ferientrubel in der historischen Altstadt für kurze Zeit zu entfliehen. Ein Ort des Glücks, weil man hier Gelegenheit findet, sich zu sammeln, und wieder zur inneren Ruhe kommen kann.

Bei der Lage des romanischen Baus direkt an der stark frequentierten, lauten Gardensana Orientale ist es schwer vorstellbar, im Inneren des Gotteshauses Stille und Ruhe zu finden. Doch sobald sich die schwere Eingangstür von innen geschlossen hat, empfängt den Besucher diese einmalige Atmosphäre. Aber auch für Kunstinteressierte hat die dreischiffige Basilika aus Bruchsteinquadern etliches zu bieten, z. B. wundervolle, noch gut erhaltene Fresken aus dem 12. Jahrhundert. Die kraftvollen Bilder erzählen sehr lebendig biblische Geschichten wie das Abendmahl. Hinter dem Altar wartet ein weiteres Highlight: Überreste des langobardischen Vorgängerbaus. Sonntags wird in dem mittelalterlichen Bau häufig ein evangelischer Gottesdienst veranstaltet, zelebriert oftmals von deutschen Pfarrern, die in dieser Gegend Urlaub machen. Ein ungewöhnlicher, fast schon intimer Gottesdienst, bei dem – in Ermangelung einer Orgel – als musikalische Begleitung viel gemeinsam gesungen wird. Dieses Gemeinschaftserlebnis in Verbindung mit der Feierlichkeit des Augenblicks löst tief empfundene Glücksgefühle aus, die selbst nach Verlassen des Gotteshauses noch lange nachklingen. Kein Wunder, dass einige Besucher nur deshalb diesen wundervollen Glücksort aufsuchen!

TIPP

Eine gute Auswahl an leckeren Gerichtenbietet La Piccola Osteria (Via Palestro 38 a).

● Chiesa San Severo, Via San Severo, 37011 Bardolino

Ein schwebender Traum

43

Park an der Piazza Independenza in Verona

Verona liegt nur einen Katzensprung vom Lago entfernt und zählt zu den beliebtesten Ausflugszielen vieler Gardasee-Urlauber. Diese sehr italienische Stadt darf sich glücklich schätzen, dass der Schriftsteller William Shakespeare die wohl tragischste Liebesstory der Weltliteratur, „Romeo und Julia", hier angesiedelt hat. Das Haus der Julia (Casa di Giulietta) mit dem berühmten Balkon und der noch berühmteren Julia-Statue oder das Haus von Romeo (Casa di Romeo) und das Grab der Julia (Tomba di Giulietta) sind Plätze, die beinahe jeder Veronabesucher sehen will bzw. sehen muss. Dass die beiden Liebenden real nie an diesen Orten waren, stört hier niemanden. Vielleicht möchte man es auch nicht so genau wissen, um nicht den Mythos zu zerstören. In der charmanten, über 2.000 Jahre alten Stadt geht es um schöne Träume wie die ewige Liebe, um unendliches Glück und natürlich um jede Menge Bilderbuch-Romantik! „Bring deinen Schatz nach Verona, denn Verona ist die Stadt der Liebe" lautet die Aufforderung der Heimatstadt von Romeo und Julia – wer will dem schon widersprechen!

Wer die beiden Liebenden an einem lauschigen Platz treffen möchte, besucht den hübsch angelegten Park an der Piazza Independenza. Die ganze Grünanalage ist ein entspannter Glücksort mitten im hektischen, lauten Trubel der Altstadt. Wer möchte, setzt sich unter die weitausladende, 35 Meter hohe Platane, der es hier seit sage und schreibe rund 230 Jahren gut gefällt. Sie könnte sicherlich einiges über das verliebte Paar erzählen. Diese Rolle jedoch übernimmt das moderne, filigran gestaltete Bronze-Denkmal „Romeo und Julia, ein schwebender Traum". Es wurde 2008 vom italienischen Künstler Enrico Muscetra entworfen: Zwei ineinander eng verschlungene Figuren verschmelzen zu Herzen, die in Richtung Himmel fliegen. Welch wunderbare Symbolik, die das Herz in den Mittelpunkt stellt! Wie sollte es auch anders sein, schließlich befindet man sich ja inmitten der Stadt der Liebe!

TIPP

Im Lokal Tigella Bella (Via Sottoriva 24), abseits der Touristenströme, speist man gut und preiswert.

● Park, Piazza Independenza, 37121 Verona

Zeigt her eure Schuh

44 Olip Factory Outlet in Colà di Lazise

Schuhe kaufen macht glücklich, vor allem Frauen! Diese hinreichend bekannte Tatsache wurde durch die repräsentative Umfrage eines renommierten Meinungsforschungsinstitutes bestätigt: Jede dritte Frau macht der Erwerb von Schuhen glücklich! Bei den 41- bis 49-Jährigen ist es sogar beinahe jede zweite. Das Schuh-Outlet Olip ist so ein paradiesischer Glücksort, der das weibliche Geschlecht wie ein Magnet anzieht. Im Unterschied zu einigen anderen Factory Outlets, vor allem im Süden des Gardasees gelegen, bietet Olip sehr gute Qualität und verwendet hochwertige Materialien. Die 1972 in Colà gegründete Schuhfabrik legt Wert auf regionale Fertigung. Wer möchte, kann vom Laden aus durch eine große Glasscheibe den fleißigen Händen bei der Schuhherstellung zuschauen, denn die Fertigungshalle befindet sich direkt hinter dem Verkaufsraum. Freundliche und geduldige Bedienungen helfen bei der oft schwierigen Wahl des passenden Schuhwerks weiter. Man spricht hier übrigens auch Deutsch! Boots, Stiefel, High-Heels, Schnürer, Sandalen, Loafer, Mokassins – die Auswahl, auch an den begehrten Eigenmarken wie „A S98“ und „Airstep“, ist beeindruckend groß. Da auch Zweite-Wahl-Schuhe, Einzelpaare und Modelle aus dem Vorjahr in den Regalen zu finden sind, hat Frau Glück und kann echte Schnäppchen machen. Das gesparte Geld reicht dann noch für schicke Accessoires wie Taschen, Lederarmbänder, Geldbörsen und Ledergürtel, die hier ebenfalls angeboten werden. Zu erwähnen ist noch, dass es in dem Schuh-Outlet zwar Damen- und Herrenschuhe, jedoch keine Kinderschuhe gibt. Diese wiederum findet man im Olip-Outlet in Peschiera del Garda (Via Venezia 27).

Damit die Herren der Schöpfung das perfekte Shopping-Erlebnis ihrer Damen nicht stören, wurde auf dem Vorplatz eine hübsche grüne Verweiloase mit Springbrunnen geschaffen, die auch gerne genutzt wird. Frauen haben eben ein Herz für Schuhe. Es gibt daher immer einen guten Grund, sich neues Schuhwerk anzuschaffen. Denn wie heißt es so treffend: „Glück kann man nicht kaufen. Schuhe schon!“

TIPP

Das Olip-Outlet hat täglich (auch sonntags) von 9 bis 19 Uhr geöffnet.

● Olip Fabrikverkauf, Via Confine 13, 37017 Colà di Lazise, Tel. +39 4 56 46 31 21
www.olioutlet.com

CALZATURIFICIO
OUTLET

Kleiner Platz – große Freude

45 Osteria dal Cavaliere auf der Piazzetta Scala in Verona

Die Via Mazzini mit ihren schönen Geschäften ist eine Fußgängerzone in Verona, die beinahe jeder Gast der Stadt besucht. Dementsprechend ist es hier oft umtriebig und trubelig, darüber muss man sich vor einem Spaziergang im Klaren sein! Das liegt sicherlich auch mit daran, dass die quirlige Flanierallee direkt im historischen Kern liegt und die beiden wichtigsten Plätze der Stadt, Piazza Brà und Piazza delle Erbe, miteinander verbindet – ebenfalls touristische Hotspots. Umso erstaunlicher ist es, dass der nahe gelegene kleine Platz Piazzetta Sacala von all dem touristischen Trubel verschont ist und trotzdem nur wenige Schritte von der quirligen Via entfernt liegt. Obwohl die Bezeichnung „klein" für den Platz wörtlich genommen werden kann, hat sich hier erstaunlich viel urbanes Leben angesiedelt: eine gut sortierte Buchhandlung, ein Sportgeschäft, eine Bank und die wundervolle Kirche „La chiesa di Santa Maria della Scala", die der völlig entspannten Piazzetta ihren würdevollen Charakter verleiht. Im Inneren des Gotteshauses lohnt der prunkvolle Altar der Madonna delle Grazie und die Guarneri-Kapelle (15. Jahrhundert) eine Besichtigung.

TIPP
Die Bank „Cassa di Risparmio del Veneto" bietet einen rund um die Uhr zugänglichen Geldautomaten an.

Aber eigentlich ist man auf der Piazzetta, um in der kleinen, aber feinen Osteria dal Cavaliere einzukehren. Die rot-weiß karierten Tischdecken auf den Holztischen vor dem urigen Lokal weisen charmant den Weg! Hier wird in familiärer Wohlfühlatmosphäre beste italienische Küche angeboten. Unbedingt probieren: köstliches „Tartare di Ricciola" (Makre-lentartar), hausgemachte Lasagne al forno, würziges „Ragù di Anatra" (Ente), Pasta mit Trüffeln (saisonabhängig) oder „Fiorentina di Garronese Veneta", edles Rindfleisch, das auf der Zunge zergeht. Die Auswahl an passenden Weinen ist umfangreich. Daher darf man sich getrost auf die Empfehlungen der freundlichen Fachberatung verlassen. Ein hausgemachtes Tiramisù und ein starker Caffè schließen den absolut gelungenen Abend perfekt ab. Ein fantastischer, genussvoller Wohlfühlort, den man glücklich verlässt!

● Ristorante Osteria dal Cavaliere, Piazzetta Scala 3, 37121 Verona, Tel. +39 4 52 22 77 85

RISTORANTE
TIPICO DI
VERONA

Nur das Beste auf den Grill

46

Macelleria di Marta Danieli in Bardolino

Den Metzger seiner Wahl zu finden ist manchmal schon nicht einfach. Doch wie soll das im Urlaub funktionieren, wenn man Selbstversorger ist, grillen oder einfach nur einen Imbiss einkaufen möchte? Ganz einfach, zumindest für alle Feriengäste, die in Bardolino und Umgebung Urlaub machen. Denn mitten im charmanten Zentrum liegt die kleine, aber feine Metzgerei (Macelleria) von Marta Danieli – etwas versteckt in einer Seitengasse. Von außen deutet nichts darauf hin, dass sich hinter diesen alten Mauern ein wahres lukullisches Paradies befindet. Dieses kleine Fachgeschäft ist beliebter Treffpunkt von Einheimischen, ein Ort des Vertrauens, an dem Touristen eher weniger anzutreffen sind. Italiener legen bekannterweise viel Wert auf gutes Essen und achten daher auch auf beste Zutaten. Die zahlreichen Stammkunden wissen, dass das Fleisch hauptsächlich von Tieren aus der Region stammt. Die knusprigen, goldbraun gegrillten Hähnchen und andere Grillspezialitäten sind daher nicht nur optische Highlights!

TIPP

Der nahe Borgo Carrara Bottagisio direkt am Lago ist ein perfekter Platz für ein schönes Picknick!

In diesem Fachgeschäft findet man alles, was eine Brotzeit am See zu einem perfekten Erlebnis macht. In den Picknickkorb passen beispielweise: „Pollo in saòr“, eine venezianische Spezialität, bei der gekochte Hühnerstücke in süß-saurer Marinade mit Zwiebeln, Pinienkernen und Rosinen eingelegt werden. Marta beherrscht diese Kunst genauso exzellent wie die Herstellung ihres „Vitello Tonnato“ mit frischen Kapern. Ebenfalls in den Picknickkorb gehören das gegrillte „Verdure miste“ (gemischtes Gemüse), „Insalata di riso“ (Reissalat) und die mit Rosmarin verfeinerten Bratkartoffeln – natürlich ebenfalls aus der hauseigenen Küche. Auch „Bresaola“ (luftgetrockneter Rinderschinken, eine lombardische Spezialität) mit Rucola und Grana (Hartkäse) sollte nicht fehlen. Ein absolutes Muss ist der bereits erwähnte Imbiss-Klassiker: das gegrillte Hähnchen. Köstlich – was für ein Glück, den Picknickkorb hier füllen zu können!

● Macelleria-Gastronomia di Marta Danieli, Borgo Garibaldi 18, 37011 Bardolino, Tel. +39 4 56 21 27 58

MACELLERIA
18
MACELLERIA
MEATING

Ausflug in die Bronzezeit

47

Das Museum MAG in Riva del Garda

1888 eröffnete der Homöopath Christoph von Hartungen in Riva ein Sanatorium, Treffpunkt vieler Intellektueller: Freud, Steiner, Kafka, Rilke, Nietzsche, Morgenstern sowie Thomas und Heinrich Mann suchten hier Erholung und oft auch Heilung. Sie alle erlagen der einzigartigen Atmosphäre des pittoresken und mondänen Ortes, eine charmante Mischung aus über 500 Jahren bodenständiger Habsburger Herrschaft und italienischer Leichtigkeit. Bis heute ist der Urlaubsort Touristen-Magnet geblieben. Sportliche zieht es zum Klettern, Wandern oder Mountainbiken in die nahen Berge, die genauso beeindruckend wie malerisch den hübschen Kurort beschützen. Surfer und Segler freuen sich über die zuverlässig wehenden Winde am See. Kunstinteressierte wiederum schätzen diverse kulturelle Veranstaltungen sowie historische Sehenswürdigkeiten, wie z. B. die Chiesa S. Maria Assunta, ein barockes Kleinod mit Blick auf die Piazza Cavour. Sehenswert ist auch die auf einer rund 8.000 Quadratmeter großen Insel errichtete Burg (Rocca), in der das renommierte Museum MAG (Museo Alto Garda) einlädt. Sein massives Aussehen verdankt der dominante Vierecksbau den Habsburgern, die das erstmals 1393 erwähnte Gebäude am südlichen Ortsrand zu einer k. u. k. Kaserne umbauten. Heute geht es hinter den dicken Mauern gottlob friedlich zu. Hier im MAG-Museum laden in der Pinakothek in der ersten Etage beispielsweise romantische Impressionen des Gardasees von Künstlern des 19. Jahrhunderts zum Träumen ein. Im nächsten Stockwerk dreht sich alles um archäologische Funde aus der Region. Highlight sind acht in der nahen Stadt Arco entdeckte Stelen, die aus der Bronzezeit stammen. Im dritten Stock dreht sich alles um die abwechslungsreiche Vergangenheit des Ortes und des unteren Sarcatals. Ein weiterer Höhepunkt ist die Besteigung des Hauptturms (Mastio) der Burg. Von hier aus genießt man den absolut grandiosen Ausblick auf die Dächer des alten Zentrums, den kleinen romantischen Hafen und natürlich auf den See. Eine atemberaubend schöne Kulisse, die genauso sprachlos wie glücklich macht!

TIPP

Regionale Produkte wie ausgezeichnetes Olivenöl bietet die Agraria Riva del Garda, Loc. S. Nazzaro 4.

● Museo Alto Garda, Piazza Cesare Battisti 3a, 38066 Riva del Garda, Tel. +39 4 64 57 38 69, www.museoaltogarda.it

MAG
MUSEO ALTO GARDA
A SENTIMENTAL LANDSCAPE
Catturare l'invisibile

Buddhas Hand bringt Glück

48

Limonaia del Castèl in Limone

„Kennst du das Land, wo die Zitronen blühn", heißt es in einem der bekanntesten Gedichte aus der Feder Goethes, der zu Italien ja bekanntlich eine sehr intensive Beziehung führte. Die Verse erzählen von der großen Sehnsucht nach dem sonnigen Italien, nach der heiteren, glücklich machenden Lebensweise und der zauberhaften, duftenden und mediterranen Pflanzenwelt. Dieser Wunsch nach dem Süden, bei vielen tief verwurzelt, ist bis heute ungebrochen. Es gibt nur eine Möglichkeit, um diese Sehnsucht zu lindern: die Reise in das Land der Zitronen, genauer gesagt nach Limone, der heimlichen „Zitronenhauptstadt" am Lago. Hier steht eine der beeindruckendsten Sehenswürdigkeiten des Sees, die Limonaia del Castèl (mit kleinem Museum), ein historischer, liebevoll restaurierter Zitronengarten. Einst wurden auf dieser Plantage über mehrere Terrassen hinweg sehr erfolgreich Zitronen angebaut. Da es selbst am Gardasee im Winter empfindlich kühl werden kann, beschützten die Gewächshäuser, Limonaia, die empfindlichen Pflanzen vor Wind und Frost. Zitronen vom Lago waren bis Anfang des 20. Jahrhunderts in ganz Europa sehr begehrt. Das änderte sich mit der Entdeckung der Zitronensäure und den wesentlich günstigeren Früchten aus Süditalien. Den Garaus bereitete den Zitronengewächsen der eiskalte Winter 1928–1929, in dem fast alle Bäumchen erfroren. Zum Glück kann man heute die Zitrone in all ihren Facetten in dem herrlichen Zitronengarten erleben. Betörender Duft liegt in der Luft, wenn die verschiedenen Zitrusgewächse, aus denen später die begehrten Multitalente für Schönheit, Gesundheit und die Seele entstehen, blühen. Dieses Frischearoma, gepaart mit dem sonnigen gelben Farbton der in viel Sonne und Wärme gereiften Früchte, steht für die Leichtigkeit des Südens. Ganz besonders die Citrus medica, wegen ihrer besonderen Form auch Buddhas Hand genannt. Sie ist Symbol für Zufriedenheit, langes Leben und natürlich Glück. Deshalb verschenkt man sie in Limone traditionell an Silvester.

TIPP

Die kleine Pasticceria Piva di Piva (Via Cortili 12) verwöhnt mit selbst gemachten süßen Spezialitäten.

● Limonaia del Castèl, Via Orti 9, 25010 Limone, Tel. +39 3 65 95 47 20
www.visitlimonesulgarda.com

Elegant, vornehm und mondän

49

Salò

Das zauberhafte Städtchen Salò hat Glück: Windgeschützt liegt es in der weiten gleichnamigen Bucht, unmittelbar am Ufer des Gardasees, zu Füßen des Monte San Bartolomeo. Glück ist auch, dass sich in der kleinen Altstadt viele schicke Mode- und Schuhboutiquen, Delikatessgeschäfte und etliche Restaurants der gehobenen Preisklasse angesiedelt haben. Damit zieht die größte Stadt am Westufer mit ihrem historischen Flair hauptsächlich zahlungskräftiges Publikum an. Das alte Seebad war und ist sehr elegant und vornehm, was sich auch in der Architektur widerspiegelt: Überaus prachtvolle Palazzi schmücken die Altstadt, sodass man aus dem Sehen und Staunen gar nicht mehr herauskommt! Ein entspannter Spaziergang durch den wundervollen alten Ortskern ist daher fast schon ein Muss!

TIPP

Obst, Gemüse, Käse, Kleidung und vieles mehr gibt es jeden Samstag auf dem sehenswerten Markt in Salò.

Startpunkt für die Entdeckungsreise durch Salò ist die Promenade am See, der Lungolago Zanardelli. Er ist ein grandioser Catwalk der Eitelkeiten, gepflastert mit rosafarbenem Marmor. Hier promeniert man, um gesehen zu werden, aber natürlich auch, um selbst ein bisschen zu sehen. Besonders abends bereitet es Vergnügen, dieses selbstverliebte Schaulaufen zu beobachten! Eitel sind auch die Palazzi an der Promenade, die mit ihren herrlichen Fassaden aus verschiedenen Jahrhunderten um die Gunst der Betrachter buhlen. Wie der prachtvolle Palazzo della Podestà (15. Jahrhundert), heute das Rathaus. Oder gleich daneben der herrschaftliche Palazzo della Magnifica Patria aus dem Jahr 1524. Ein Stück weiter kommen Liebhaber feinsten Jugendstils auf ihre Kosten. Die 1905 errichtete, verspielte Villa Laurin ist heute Nobelhotel. Am Ostende der Strandpromenade dominiert der spätgotische Dom Santa Maria Annunziata mit seinem Glockenturm. Auf dem Rückweg lässt man sich einfach durch die Gässchen treiben. Der abwechslungsreiche Ausflug in die mondäne Vergangenheit endet stilgerecht in einer der traditionellen Bars an der Strandpromenade, damit man noch etwas in der Atmosphäre vergangener Zeiten verweilen und sie genießen kann.

● Lungolago Zanardelli 60, 25087 Salò

Riese im Zwergenland

50

Stadtturm Torre Apponale in Riva del Garda

Was haben die Vanderbilts, Thomas und Heinrich Mann, die Schwester des Zaren, Cristian Morgenstern, Karl May und Franz Kafka gemeinsam? Sie reisten nach Riva, um sich dort zu erholen und einfach nur glücklich zu sein. Alle erlagen dem unwiderstehlichen Reiz des charmanten Kurortes. Riva wurde zum Inbegriff mediterranen Lichts und südländischer Leichtigkeit – und ist es bis heute geblieben! Der lungenkranke Franz Kafka notierte während seines Kuraufenthaltes im Sanatorium von Hartungen: „In Riva war ich des Südens Gast, der mir nie wieder so liebenswürdig und großartig begegnete." Sicherlich kam Kafka bei seinen häufigen Streifzügen durch die gut erhaltene Altstadt auch an der malerischen Piazza 3 Novembre vorbei. Hier schlägt das Herz der zweitgrößten Stadt am Lago. Laubengänge und jahrhundertealte Palazzi bilden den architektonisch sehenswerten Rahmen der Piazza, die direkt am See liegt.

In den geschichtsträchtigen Arkadengängen (Scaliger-Epoche) feilschten einst die Händler mit ihren Kunden. Heute kann man in einer der Bars oder Restaurants einkehren und von dort das rege Treiben um sich herum beobachten. Dominiert wird die hübsche Piazza auf der östlichen Seite von einem 34 Meter hohen Turm, dem Torre Apponale. Im Jahr 1220 wurde das weithin sichtbare Gebäude aus unterschiedlich großen Quadersteinen als Wachturm errichtet. Heute fungiert er als beliebter Aussichtsturm. Wer die Mühe auf sich nimmt und die 165 Stufen zur Turmspitze erklimmt, wird mit einem wundervollen Glückserlebnis belohnt: Der fabelhafte Panoramablick aus luftiger Höhe ist sensationell, was für eine bella vista! Wie klein von hier oben alles wirkt: die alten Häuser, die schützende Kaimauer und der glitzernde Lago! Man kommt sich wie ein Riese im Zwergenland vor. Ab und zu im Leben schadet es nicht, die eigene Perspektive zu ändern, um Dinge aus einem anderen, vielleicht sogar besseren Blickwinkel betrachten zu können!

TIPP

Im Antico Caffè Maffei (Piazza Tre Novembre 25) genießt man herrliche Ausblicke auf Platz und See.

● Torre Apponale, Piazza Tre Novembre, 38066 Riva del Garda, Tel. +39 4 64 57 38 69
www.gardatrentino.it

Im Gespräch mit Dante

51 Dante-Statue auf der Piazza dei Signori in Verona

Mitten im Herzen des zauberhaften Zentrums in Verona liegt die Piazza dei Signori. Die vorwiegend mittelalterlichen, herrschaftlichen Paläste rings um den schönen Platz sind durch Arkaden, Loggien und Rundbögen miteinander verbunden. Ein geschickter architektonischer Schachzug, denn so kann sich die stolze Piazza als vollkommene Einheit präsentieren. Früher galt der schmucke Platz als das Machtzentrum der Stadt: Staatsregierung, Justiz, Verwaltung und Herrschaftssitz der berühmten Adelsfamilie Scaliger waren hier. Das prächtigste Gebäude am Platz ist die 1476 im Stil der venezianischen Renaissance erbaute Loggia del Consiglio – einmalig, selbst in dieser an baulichen Highlights reichen Stadt! Links daneben, an der Casa della Pièta, ziert ein wunderschönes Relief die Außenfassade. Rechts neben der Loggia befindet sich der Palazzo del Podestà oder auch Palazzo del Governo genannt.

Heute bietet die gechillte Piazza die einmalige Gelegenheit, den berühmten italienischen Dichter Dante zu besuchen. Er gilt als Vater der italienischen Sprache und zählt zu den bekanntesten Persönlichkeiten des Mittelalters. Die Italiener lieben ihren Dante. Daher nennen die Einheimischen den Platz auch einfach nur „Piazza Dante". Was für ein ganz besonderer Moment, wenn man sich respektvoll der überragenden Dante-Statue aus weißem Carrara-Marmor nähert, die in der Mitte des erhabenen Platzes steht. Der 1265 in Florenz geborene und 1321 in Ravenna verstorbene Autor verfasste u. a. die „Göttliche Komödie" und verbrachte sieben Jahre in Verona im Exil. Überlieferungen zufolge soll er hier sehr gerne gelebt haben. Anlässlich seines 600. Geburtstages blickt der Meister nun seit dem 14. Mai 1865 auf den Platz herab. Wer möchte, kann sich auf den Sockel der Statue setzen, um die Nähe des großen Denkers zu spüren und zu genießen. Oder man betrachtet ihn von einem der Cafés am Platz aus. Große Glücksmomente durch einen der größten Dichter der Weltliteratur – ganz großes Kino!

TIPP

Gute italienische Küche bietet das Ristorante La Locanda dei Capitani (Piazza dei Signori 5).

Piazza dei Signori, 37121 Verona

Mit der Dampflock zum Lago

52

Alter Bahnhof in Riva del Garda

Mitte des 18. Jahrhunderts entwickelte sich das zauberhafte Städtchen Riva del Garda zu einem mondänen Kurort. Rasch avancierte es zu einem beliebten Treffpunkt der Reichen, Berühmten und Schönen. Kafka, Nietzsche, die Brüder Mann und, und, und – sie alle schätzten das milde Heilklima und das gesellschaftliche Leben im Ort. Während Goethe 1786 für seine „Italienische Reise" noch die holprige Postkutsche benutzen musste, hatten es die Kurgäste Ende des 19. Jahrhunderts wesentlich bequemer! Am 29. Januar 1891 wurde die Lokalbahn Mori-Arco-Riva (MAR) eröffnet, eine Schmalspur-Bahn, gezogen ausschließlich von Dampflokomotiven. Die Streckenlänge betrug rund 25 Kilometer und führte über Arco nach Riva del Garda. Die Erholungssuchenden nahmen also den Brennerzug von Innsbruck und nutzten ab dem Städtchen Mori die neue Zugverbindung. Die Strecke bot viel Abwechslung. So führten beispielsweise eine fast 70 Meter lange, 1888 erbaute Brücke über den damals noch reißenden Fluss Etsch und eine rund 45 Meter lange Stahlbrücke über die Sacra (Fluss) – damals architektonische Sensationen! Der Streckenendpunkt in Riva, der hübsche Bahnhof, verlor nach der Stilllegung der Bahn im Jahr 1936 an Bedeutung. Heute lassen sich die „guten alten Zeiten" in dem ansprechend restaurierten Bahnhofsgebäude nahe dem Seeufer nachempfinden. In der kleinen Wartehalle schmücken alte Aufnahmen die Wände und erzählen über diese Zeit, als man noch für mehrere Wochen oder gar Monate zur Erholung in die Sommerfrische reiste und nicht einfach nur mal kurz in den Urlaub fuhr. Ferner bietet das ebenfalls im ehemaligen Bahnhof untergebrachte Fremdenverkehrsbüro Prospekte und Bücher (auch auf Deutsch) an, mit denen man eine Reise in die Belle Époque des Ortes unternehmen kann. Oder man genießt die entspannte Atmosphäre in der eleganten Cocktail-Bar, ebenfalls in dem Gebäude. Moderne Zeiten in historischen Gemäuern – diese perfekte Mischung macht den heutigen alten Bahnhof aus, sehens- und erlebenswert!

TIPP

Ein Teil der ehemaligen Bahnstrecke zwischen Mori und Riva wurde zu einer Fahrradstrecke umgebaut.

● Alter Bahnhof, Largo Medaglie d'oro 5, 38066 Riva del Garda

CAPO STAZIONE
STATIONS = CHEF

Ein Platz zum Verlieben

53

Piazza Vittorio Emanuele II. in Lazise

Wer durch die romantischen Gässchen der hübschen Altstadt von Lazise schlendert, kommt früher oder später zur einladenden Piazza Vittorio Emanuele II. Der Stadtplatz von Lazise, einst Marktplatz, beeindruckt gleich aus mehreren Gründen und lässt nachhaltige Glücksmomente entstehen! An ein Schachbrettmuster erinnert die Anordnung der hellen und dunklen Steinplatten, mit denen er belegt ist. Wobei die Schachfiguren – vorüberziehende Touristen und Einheimische – wegen der Großzügigkeit der Piazza wie kleine Puppen wirken. An seiner Wasserseite mündet der weitläufige Platz in den See, in den malerischen kleinen Hafen – bilderbuchreif! Auch wenn man es glauben könnte, aber die an der Kaimauer unternehmungslustig auf den Wellen tanzenden bunten Fischerboote sind keine Theaterinszenierung für Besucher, sondern fahren täglich zum Fischfang auf den Lago. Die anderen drei Seiten der wundervollen, langgezogenen Piazza bieten Platz für beeindruckende Paläste, von denen die meisten noch aus venezianischer Zeit stammen. „Doppelt hält besser", so haben die Gläubigen vielleicht gedacht, als sie das wunderschöne Gotteshaus am Platz, die kleine Kirche S. S. Zeno e Martino, gleich zwei Heiligen widmeten: dem Heiligen San Zeno, Schutzpatron u. a. des Fischfangs und der Gewässer, Bischof von Verona und dort um 380 gestorben, und dem Heiligen Martin, der am 11. November seinen Ehrentag hat. Ihr Inneres mit der schön bemalten Decke, den Marmorsäulen und den barocken Altären strahlt dank der hellen Wände eine ansteckend heitere Fröhlichkeit aus. Wer möchte, kann bei den Heiligen eine Kerze anzünden und sich etwas wünschen! Einer der beiden Heiligen hat sicher Zeit, diesen Wunsch zu erfüllen.

Alle, die sich ein Lokal mit gutem Essen gewünscht haben, werden schnell fündig: Pizza, Lasagne, gehobene italienische Küche, Meeresfrüchte oder Fische aus dem Lago? Was für ein Glück, dass es das alles in großer Auswahl an der herrlichen Piazza gibt!

TIPP

Wegen des Kopfsteinpflasters sollte bei einem Bummel durch Lazise auf bequemes Schuhwerk geachtet werden!

● Piazza Vittorio Emanuele II., 37017 Lazise

Das Schiff auf dem Berg

54

Il Vittoriale degli Italiani in Gardone Riviera

Es bedarf schon einiger Verrücktheit, um auf einem rund neun Hektar großen Hanggrundstück sein eigenes Mausoleum, ein römisches Amphitheater, ein riesiges Herrenhaus und die Nachbildung eines Schiffs erbauen zu lassen! Einer besaß so viel Verrücktheit, all das zu machen, der umstrittene, kriegsbegeisterte Schriftsteller Gabriele d'Annunzio (1863–1938). Er galt als Leitfigur des italienischen Faschismus, ohne jemals Parteimitglied gewesen zu sein. „Man muss sein Leben gestalten, wie man auch eine Oper gestaltet", stellte der exzentrische Bonvivant fest, der in prunkvollem Luxus lebte. Seinen Ruf als Frauenheld verteidigte er stets erfolgreich. Von 1921 bis zu seinem Tod lebte er in Gardone Riviera im „Vittoriale degli Italiani", einer riesigen, palastähnlichen Villa, die er 1921 erwarb. Von 1921 bis 1938 ließ er das Gebäude – heute ein Museum – um- und anbauen. So schuf der obsessive Kunstsammler repräsentativen Platz für seine, zum Teil ungewöhnlichen, Sammelobjekte, z. B. den Doppeldecker, mit dem er während des Ersten Weltkrieges (1918) Anti-k.-u.-k.-Flugblätter über Wien abwarf.

TIPP

Das Ristorante Lido 84 (Corso Giuseppe Zanardelli 196) bietet leckere italienische Küche.

Die meisten, die zum ersten Mal das Vittoriale besuchen, sind ziemlich perplex ob der vielen Überraschungen, die es hier zu entdecken gibt. Ein bunt gemischtes Sammelsurium, ein exotisches Panoptikum, eine kleine, abgeschlossene fantasievolle Welt für sich. Auch die traumhaft schön angelegte Parkanlage mit Seeblick bietet einmalige Highlights. Das Amphitheater wird im Sommer gerne als ausgefallener Veranstaltungsort genutzt. In dem verwunschenen Garten kann man Kapitän auf dem Vorschiff des Kriegsschiffes Puglia spielen, den festen Blick gottlob nicht auf den Feind, sondern auf den Lago gerichtet. Klingt alles ein bisschen abgefahren und verrückt? Ist es auch und wirkt ansteckend! Wie stellte Marilyn Monroe fest: „Verrücktheit ist genial, und es ist besser, komplett verrückt zu sein, als komplett langweilig! Wer sich traut, in dieser verrückten Welt etwas verrückt zu sein, lebt einfach besser!"

● Il Vittoriale degli Italiani, Via del Vittoriale 12, 25083 Gardone Riviera, Tel. +39 3 65 29 65 11, www.vittoriale.it

Ein blühendes Souvenir

55 Gartencenter Floridea in Verona

Eine ganz zauberhafte Idee ist es, sich mit einer mediterranen Pflanze den Gardasee und die damit verbundenen Urlaubserinnerungen nach Haus zu holen. Damit verschönert man die eigenen vier Wände und wird jedes Mal beim Blick auf das blühende Mitbringsel an die herrliche Ferienzeit erinnert. Vor allem im Süden des Lago bieten zahlreiche Gartencenter unterschiedlichste Sorten solcher mediterranen Gewächse an. Der Besuch in so einem Duftreich macht nicht nur eingefleischten Garten-Fans Spaß, sondern ist auch für „Pflanzenneulinge" zu empfehlen. Denn hier lernt man viel über die Pflanzenvielfalt rings um den See und erhält wertvolle Tipps zum Transport oder der Pflege.

Eines dieser sehenswerten Pflanzenparadiese ist das rund 5.000 Quadratmeter große Gartencenter Garden Floridea, zentral an der Via Gardesane gelegen, der Verbindungsstraße zwischen Verona und dem Gardasee. Das familiengeführte kleine Unternehmen aus Verona beweist seit drei Generationen seinen berühmten grünen Daumen. Gezüchtet wird in der eigenen Baumschule, also regional – besser geht es nicht! Die Gärtnerei ist nicht ohne Grund für seine ausgezeichnete Pflanzenqualität bekannt, die Stammkunden immer wieder zu schätzen wissen. Neben der großen Pflanzenauswahl findet man hier ergänzend Vasen, künstliche Blumen, Wohndekorationen und regionale süße Schleckereien. Wie wäre es denn mit einem immergrünen Oleander, der mit seinen rosaroten Blüten an den Spaziergang entlang der herrlichen Promenade in Lazise erinnert? Oder mit einem duftenden Zitronenbaum, beliebter Klassiker aus dem Süden, der vielleicht Erinnerungen an einen schönen Abend direkt am See in Limone weckt? Oder eine Bougainvillea, in deren kräftig leuchtenden pinkfarbigen Blüten sich die alten Hausmauern von Malcesine spiegeln? Oder doch lieber ein Olivenbäumchen, Methusalem der Pflanzenwelt? Der beste Beweis dafür, dass man auch im Alter glücklicherweise immer noch gut aussehen und fit sein kann!

TIPP

Das Gartencenter bietet auch unterschiedliche Veranstaltungen und Kurse an.

● Garden Floridea, Via Gardesane 33, 37139 Verona, Tel. +39 4 58 90 15 22
www.gardenfloridea.com

fiori, piante e fantasia
CARRELLI
Ingresso
Ingres
INGRES

Der etwas andere Stadtplan

56 Torre dei Lamberti in Verona

Wer in Verona einen wundervollen Glücksort in luftiger Höhe mit garantierter 360-Grad-Panoramasicht sucht, sollte den Torre dei Lamberti besuchen! Von der Aussichtsterrasse des Turmes in 84 Metern Höhe genießt man einen grandiosen Rundum-Blick auf die alten prächtigen Häuser des historischen Stadtzentrums und auf die schmucken Marktbuden der nahen, großzügig angelegten Piazza delle Erbe. Zu sehen ist auch – ebenfalls im Mini-Format – der herrliche Innenhof zu Füßen des Turmes mit der prachtvollen geschwungenen Freitreppe. Doch zuerst müssen die 368 Stufen im Turminneren erklommen werden. Wer die bequemere und auch schnellere Variante bevorzugt, benutzt einfach den Aufzug.

Der schlanke, die Altstadt dominierende Turm wurde im Jahr 1172 von der sehr wohlhabenden Veroneser Adelsfamilie Lamberti errichtet und gehört zum prunkvollen Palazzo del Comune, dem ältesten Rathaus Italiens. Von 1448 bis 1464 erhöhte man den Turm von ehemals 37 Metern auf seine jetzige Größe, heute noch an den unterschiedlichen Baumaterialien zu erkennen. Im achteckigen Glockenstuhl läuteten die Glocken. Marangona, die kleinere von ihnen, gongte stets zur vollen Stunde, bei Ausbruch eines Feuers und zu Beginn bzw. am Ende eines jeden Arbeitstages. Rengo, die größere, rief mit ihrem Geläut die Stadträte zu einer Versammlung ein und in Kriegszeiten die Bürger zu den Waffen.

TIPP

Montags gelten ermäßigte Eintrittspreise für den Turmbesuch (inkl. der Galeria d'Arte Moderna).

Es ist vorteilhaft, seinen Spaziergang durch Verona mit dem Turmbesuch zu beginnen. Denn von hier oben gewinnt man einen guten Überblick über Aufbau und Struktur der Stadt und ihre Sehenswürdigkeiten. Zur berühmten Arena sind es lediglich rund 10 Minuten Fußweg, zum Grab von Julia rund 15 Minuten und zum Castelvecchio auf der anderen Seite des Flusses Etsch rund 20 Minuten. Der Turm dient also nicht nur als absolut empfehlenswerter Aussichtsplatz, sondern bietet auch Gelegenheit, sich aus luftiger Höhe seinen ganz individuellen Stadtrundgang zusammenzustellen! Buon divertimento (viel Spaß)!

● Torre dei Lamberti, Via della Costa 2, 37121 Verona, Tel. +39 4 59 27 30 27
www.torredeilamberti.it

Zu schön, um wahr zu sein

57

Borghetto sul Mincio

Wer im Süden des Gardasees seinen Urlaub verbringt, hat Glück. Denn von hier aus ist es nur ein Katzensprung zu einem der schönsten Orte Italiens: Borghetto sul Mincio (15 Kilometer von Peschiera, herrlicher Fahrradweg entlang des Flusses). Wobei die Bezeichnung Ort sicherlich etwas übertrieben ist, denn eigentlich besteht Borghetto nur aus ein paar Häusern, einigen Restaurants und einer Handvoll Geschäfte. Rund 200 Einwohner leben hier in friedlicher Eintracht. Bewacht wird das zauberhafte Ensemble von den beeindruckenden Ruinen einer einst stolzen Scaligerburg. Der türkisfarbene Fluss Mincio, einziger Abfluss des Gardasees, fließt geruhsam durch die Ortschaft. Etliche kleine Wasserkanäle ziehen sich durch das autofreie Dorf, ehemalige Mühlgräben. Das erklärt auch die alten Mühlen, mit denen die Bewohner einst ihren Lebensunterhalt verdienten. Einige davon mahlen heute noch zu Schauzwecken, andere wurden in kuschelige Ferienwohnungen oder Restaurants umgebaut. Auf der trutzigen historischen Visconti-Brücke (um 1400) veranstalten die feierfreudigen Einwohner einmal im Jahr (dritter Dienstag im Juni) ihr berühmtes Tortellini-Fest „Festa del Nodo d'Amore“ (Liebesknoten-Fest), bei dem Tortellini im geselligen Mittelpunkt stehen. Borghetto gilt nämlich als Geburtsstadt der „Tortellini di Valeggio“. Rund 4.000 Gäste sitzen an zwei 600 Meter langen Tischen zusammen und genießen gemeinsam diese von Hand gefüllte Pasta-Spezialität. Den Spaziergang durch die engen romantischen Gässchen des zauberhaften kleinen Weilers, eine kleine Reise ins Mittelalter, erlebt man noch intensiver, wenn in der Abenddämmerung die Straßenlaternen schummriges, beinahe magisches Licht verbreiten. Dann erscheint alles fast zu schön, um wirklich wahr zu sein – pures Gänsehaut-Feeling! Kleiner Tipp: Wer sich in einem Pastifici-Geschäft Tortellini kauft, kann diese wunderbaren Glücksmomente noch einmal zu Hause erleben!

TIPP

Im Ristorante Lo Stappo (Via Raffaello Sanzio 18/B Borghetto) speist man ganz romantisch direkt am Mincio. Köstliche italienische Küche!

- Municipio, Piazza Carlo Alberto 48, 37067 Borghetto sul Mincio
- ÖVPN: Bus 46, 160

Feuchtes Höllenspektakel

58

Cascata Varone bei Riva del Garda

Am 20. Juni 1874 war es für das beschauliche Riva del Garda aus mit der Ruhe: Im Rahmen eines großen Festes wurde mit vielen VIPs der Varone Wasserfall, rund 3 Kilometer von Riva entfernt, eingeweiht. Kein Geringerer als Seine Hoheit Prinz Nikola von Montenegro eröffnete das Tor zu dem einmaligen Naturerlebnis. Zahlreiche Berühmtheiten wie Franz Kafka und Thomas Mann, die sich gerne zu Erholungszwecken in dem charmanten Örtchen aufhielten, statteten dem Naturschauspiel einen Besuch ab. Mann war derart von der „malerischen Kaskade" fasziniert, dass er sich Notizen machte, die er rund 20 Jahre später für seinen Roman „Der Zauberberg" verwendete.
Konnte früher das einzigartige Naturphänomen nur mit gefährlichen Kletterpartien besichtigt werden, fällt heute der Besuch dank angelegter Stege, geschwungener Treppen mit Geländern und kleiner fester Wege leicht. Es sind lediglich gutes Schuhwerk und eine Regenjacke erforderlich. Schon das markante Eingangsgebäude ist spektakulär und wurde von dem begehrten Star-Architekten Giancarlo Maroni zu Beginn des 20. Jahrhunderts entworfen. Danach beginnt der spannende Teil der kleinen Wanderung durch eine enge Schlucht, die senkrecht fallendes Wasser unermüdlich in den Felsen gegraben hat und gräbt – und das seit über 20.000 Jahren! Kleine kurvige Wege führen immer tiefer in den Berg hinein bis zur Unteren Schlucht (Grotta Inferiore). Der kleine See hier liegt jungfräulich vor dem Betrachter und präsentiert sich mit seiner spektakulären Farbpalette. Eine solch wundervolle natürliche Schönheit erleben zu dürfen macht schier sprachlos! In der oberen Grotte hingegen tobt ein wahres Höllenspektakel: Wild schäumendes, laut tosendes Wasser stürzt sich zischend und grollend fast 100 Meter in die Tiefe. Die unglaubliche Kraft und atemberaubende Wucht des Wassers kann man hier förmlich spüren. Es heißt, dass die Natur Demut lehrt und glücklich macht. Wer die immense Kraft des Wassers an diesem Ort erlebt, die hier seit Jahrtausenden unbeirrt ihren Weg sucht, kann das nur bestätigen! Grandios!

TIPP

Für den Besuch des Botanischen Gartens zwischen unterem und oberem Stollen etwas Zeit einplanen!

● Parco Grotta Cascata Varone, Località le Foci 3, 38060 Tenno, Tel. +39 4 64 52 14 21
www.cascata-varone.com

Hier möchte jeder wohnen

59 Grotten des Catull in Sirmione

Gleich vorab sei verraten, dass es sich bei den „Grotte di Catullo“ (Grotten von Catull) nicht – wie man aufgrund des Namens vermuten würde – um Grotten handelt! Der Name stammt aus der Renaissancezeit, in der man Ruinen als Grotten bezeichnete. Richtig hingegen ist, dass der römische Dichter Gaius Valerius Catullus (87–54 v. Chr.), der in Verona lebte, häufig zur Erholung nach Sirmione kam. Er liebte dieses zauberhafte, idyllisch gelegene Städtchen und widmete ihm sogar einige seiner lyrischen Verse.

Die Grotten des Catull beschreiben gut erhaltene Ruinen eines römischen herrschaftlichen Anwesens, das wegen seiner absolut traumhaft schönen Lage noch heute die Besucher zum Schwärmen verführt! Hier möchte man gerne wohnen: am nördlichen Ende der Halbinsel von Sirmione, direkt am Wasser, auf einem rund zwei Hektar großen Grundstück mit unverbaubarem See- und Gebirgsblick! Da die dicken Mauern und steinernen Grundrisse teilweise noch gut erhalten sind, kann man sich bei der Hausbesichtigung noch gut vorstellen, wie verschwenderisch man in dem einst schönsten Anwesen des Ortes lebte. Der Wohnsitz soll ehemals dreistöckig gewesen sein. Mosaike und Fresken mit Landschafts-, Figuren- und Tiermotiven schmückten verschwenderisch Wände und Fußböden. Einige davon sind bis heute erhalten und lassen die alte Pracht in der eigenen Vorstellung erneut entstehen. Zwei lange offene Laubengänge führten zu der großzügig bemessenen Panoramaterrasse. Hier saß man also am Abend, genoss den Sonnenuntergang und speiste formidabel im Kreis von Familie und Freunden. Sicherlich wurden zu dem üppigen Mal auch Weine vom Gardasee kredenzt. Öllampen, die (zusammen mit vielen anderen Fundstücken) im kleinen Museum vor Ort zu besichtigen sind, verbreiteten bestimmt romantische Stimmung. Am nächsten Morgen wurde ein Bad in der hauseigenen Thermalanlage genommen. So könnte es damals gewesen sein – träumen ausdrücklich erwünscht!

TIPP

Am Lido delle Bionde können SUPs, Tretboote, Kanus und Liegestühle ausgeliehen werden.

- Area archeologica delle Grotte di Catullo e Museo di Sirmione, Piazzale Orti Manara 4, 25019 Sirmione, Tel. +39 30 91 61 57 www.grottedicatullo.beniculturali.it

Glück in Tüten

60 Blue Garden Shopping-Center in Riva del Garda

Wer im Sommer seinen Urlaub am Gardasee verbringt, wird meist von der Sonne verwöhnt. Aber der Wettergott ist manchmal kapriziös und zeigt sich gern mal von seiner nassen Seite. Sich deshalb die gute Ferienlaune verderben zu lassen, dafür ist es am Gardasee einfach zu schön! Eine der zahlreichen Möglichkeiten, Regentage trocken zu genießen, ist der Besuch eines überdachten Shopping-Paradieses. Ein solches ist das Blue Garden Shopping-Center im Herzen der Stadt Riva del Garda, das allen Shopaholics echte Glücksgefühle beschert! Entschleunigt einzukaufen nach Lust und Laune (Schuhe und Handtaschen natürlich inklusive) macht glücklich. Diese Formel für regnerische Tage funktioniert immer. Das ist jetzt sogar wissenschaftlich bewiesen: Bereits das Betrachten der ersehnten Ware vertreibt negative Stimmungen und macht gute Laune. Wahres Shopping-Glück eben, von dem vor allem das weibliche Geschlecht profitiert! Den männlichen Begleitern sei aber im Vertrauen verraten: Es handelt sich um ein kleineres Einkaufszentrum mit „nur" rund 40 Geschäften, Bars und Restaurants. Also alles halb so schlimm! Vielleicht verkürzt ja der Blick auf die moderne, extravagante Architektur, bei der großzügige Glasflächen auf außergewöhnliche Stahlkonstruktionen treffen, die Wartezeit auf die Damenwelt. Wer sich vor Beginn der Shopping-Tour noch stärken möchte, kann dies auf der herrlichen Panoramaterrasse tun. Oder man genießt hier nach gelungenen Einkäufen einen Caffè oder Aperitivo. Das große Sportgeschäft im Erdgeschoss ist ein Anlaufstelle für alle Aktivurlauber. Hier wird – der nahen Gebirgs- und Seelage perfekt angepasst – variantenreiche Sportbekleidung und Surfzubehör angeboten. Der Supermarkt im Erdgeschoss ist wiederum perfekt für alle Selbstversorger. Hier gibt es leckere italienische Spezialitäten sowie regionale lukullische Besonderheiten in flüssiger und fester Form. Das Auto kann neben dem Einkaufszentrum geparkt werden – die ersten 90 Minuten sind glücklicherweise kostenlos!

TIPP

Vom Sabbioni Beach (Kiesstrand und Spielplätze) genießt man eine herrliche See- und Gebirgsaussicht.

● Blue Garden Center, Viale Rovereto, 38066 Riva del Garda, Tel. +39 4 64 52 20 64
www.bluegarden.it
● ÖPNV: Bus 1, 2, 3, 183, 184

300MILIONI
DI PEZZI
VENDUTI
NEL MONDO

Was für ein Ausblick

61 Rocca di Manerba in Manerba

Von Manerba del Garda am südwestlichen Gardasee, genauer gesagt vom Ortsteil Montinelle, führt die bestens ausgeschilderte, leichte Wanderung auf die Rocca di Manerba. Der Name bezeichnet zum einen das Ziel des empfehlenswerten Spaziergangs: eine imposante markante Felsformation. Menschen lebten hier schon vor mehr als 10.000 Jahren. Zum anderen steht der Name für die Ruinen der mittelalterlichen Burg (8. Jahrhundert) auf dem rund 220 Meter hohen Felsmassiv, die auf dem ehemaligen Tempel zu Ehren der römischen Göttin Minerva errichtet wurde.

„Der Weg ist das Ziel" könnte der Untertitel für diese Wanderung lauten. Der romantische Weg ist Genuss für alle Sinne: Er führt durch ein herrliches Naturschutzgebiet mit einzigartiger Flora und Fauna. Das Besucherzentrum des Archäologischen Naturparks unterhalb des Gipfelkreuzes der Rocca, ein architektonisch spannender moderner Bau, beschäftigt sich mit der Geschichte der Burg und ihrer Umgebung. Prähistorische und römische Funde lassen die Vergangenheit erneut aufleben. Doch das eigentliche Highlight der Wanderung, sozusagen die verdiente Belohnung, ist der sensationelle Ausblick von der Spitze des Felsmassives mit den senkrecht abfallenden Felswänden! Bedingt durch die Lage des Gardasees gibt es rings um ihn sicherlich zahlreiche Aussichtspunkte. Aber dieser fantastische Rundblick, der sich hier unter den Füßen ausbreitet, ist ohne Frage einer der schönsten, „buona vista" – vom Allerfeinsten! Der tiefer liegende See breitet sich in seiner ganzen Pracht aus und glitzert in wunderbaren Blautönen verheißungsvoll. Aus diesem Blau heraus erwachsen das Zypressen-Inselchen San Biagio und die verwunschene Insel Isola del Garda. Garda, Bardolino, Lazise, Peschiera und Desenzano reihen sich am südlichen Seeufer brav aneinander, wie bunte Perlen an einer unsichtbaren Kette. Im Norden reicht der Blick an ganz klaren Tagen bis Torbole! Das Glück, so etwas wundervolles zu erleben, ist unbeschreiblich, man muss es einfach spüren!

TIPP

Das nahe Dorf Soiano del Lago mit seiner kleinen Festung lohnt unbedingt einen Abstecher.

● Parco Archeologico Naturalistico, Via Rocca 20, 25080 Manerba del Garda, Tel. +39 3 65 65 98 42, www.riservaroccamanerba.com

Türkisblauer Edelstein

62

Lago di Tenno

Abseits vom oft quirligen Tourismus am Gardasee liegt eine wundervolle Oase der völligen Ruhe, inmitten der Natur und von wahrer Schönheit! Der empfehlenswerte Glücksort ist Balsam für all jene, die in friedvoller Atmosphäre entspannen und genießen wollen. Eine enge Straße mit Serpentinen und Haarnadelkurven führt hoch zu diesem einmaligen Naturschauspiel, dem Lago di Tenno (Tennosee). Nur einige Kilometer von Arco und Riva entfernt, öffnet sich mit diesem See in 570 Metern Höhe eine völlig andere, fast unberührte Welt. Der Süßwassersee ist mit seinen rund 25 Hektar zwar nicht besonders groß, hat aber dafür glasklares Wasser, das sauberste ganz Italiens. Und was für ein Wasser! Schon von Weitem leuchtet es intensiv in changierendem Türkisgrün und Azurblau, beinahe wie ein funkelnder, unfassbar schöner Edelstein. Nicht umsonst nennen die Einheimischen ihre See auch „Lago Azzurro“ (himmelblauer See). Eingerahmt wird das unglaublich faszinierende Farbenspiel von den unterschiedlichen Grüntönen der umgebenden Wälder und dem gewaltigen Bergmassiv des rund 1.800 Meter hohen Monte Misone, dessen Spitzen oft mit Schnee bedeckt sind. All das spiegelt die glatte Wasseroberfläche des zauberhaften Lago wider. Diese Bilderbuchlandschaft erleben zu dürfen ist ein sehr berührender und beindruckender Glücksmoment, an den man sich immer wieder gerne erinnert! Einmalig ist auch die kleine Insel in der südöstlichen Ecke des Sees. Da der Wasserstand bis zu 15 Meter (Niederschläge, Schneeschmelze) variieren kann, wird das Inselchen gerne mal zur Halbinsel. Wer Lust hat, kann in dem See auch baden. Die Badezone umfasst rund ein Drittel des gesamten Seeufers und ist gut ausgeschildert. Oder man entdeckt den Lago zu Fuß bei einer ca. einstündigen gemütlichen Rundwanderung. Egal wofür man sich entscheidet: Der kleine Bergsee verzaubert durch seine faszinierende Schönheit, die sprachlos macht. Was für ein einzigartiger Ort, um einfach rundherum glücklich zu sein!

TIPP

Einer der schönsten Orte im Trentino ist das nahe Canale di Tenno, heute ein sehenswertes Künstlerdorf.

● Lago di Tenno, von Riva über Varone, Cologna bis Tenno fahren

Traum vom Märchenschloss

63 Wasserschloss in Sirmione

Es waren einmal eine wunderschöne Prinzessin und ihr schmucker Prinz. Deren Glück wäre perfekt, würde sich folgender Wunsch erfüllen: ein wunderschönes Schloss, in absolut perfekter Lage, möglichst an einem großen See und – wegen der Leichtigkeit des Seins – natürlich im sonnigen Süden gelegen. Eine trutzige, imposante Burg mit Schießscharten und vielen Türmen samt Schwalbenschwanzzinnen (Burgzacken) sollte es sein, mit einem Privathafen und alles umgeben von einer starken, beschützenden Mauer. Weil Wünsche manchmal im Leben in Erfüllung gehen, lädt heute die märchenhaft schöne Burganlage, die Scaligerburg (Castello Scaligero) in Sirmione, alle Prinzessinnen und Prinzen aus aller Herren Länder zu einem Besuch ein, traumhaft schön direkt am Ufer des Gardasees gelegen. Der Ehrlichkeit halber muss man aber zugeben, dass an Wochenenden, vor allem zur Hauptsaison, zahlreiche Besucher den Wunsch verspüren, den Traum von einer Besichtigung des Märchenschlosses zu realisieren. Deshalb ist während dieser Zeit ein Besuch in den frühen Morgenstunden bzw. gegen Abend zu empfehlen! Wer Eintritt in das architektonisch historische Juwel begehrt, muss die Zugbrücke über den tiefen Wassergraben nehmen, da die Festung ringsherum von Wasser umgeben ist. Daran hat sich bis heute nichts geändert! Bauherren dieser gewaltigen Befestigungsanlage waren, wie bei fast allen Burgen am Gardasee, die Scaliger. Sie errichteten im 13. Jahrhundert auf den Ruinen eines alten Römerkastells den beeindruckenden Verteidigungskomplex an der schmalsten Stelle der knapp einen Kilometer breiten, in den See hineinragenden Halbinsel – ein strategisch genialer Schachzug! Damit alle Prinzessinnen und Prinzen einen optimalen Blick auf das gesamte Märchenschloss und die zauberhafte Altstadt von Sirmione bekommen, sollte unbedingt der 47 Meter hohe Hauptturm, Mastino, bestiegen werden. Ja, genau so muss ein Märchenschloss aussehen, befinden Prinz und Prinzessin nach der Besichtigung. Was für ein Glück, dass manchmal Träume in Erfüllung gehen!

TIPP

Leckere Burger bietet das kleine urige Lokal Il Vicolo (Vicolo Strentelle Passaggio 7).

● Castello Scaligero, Piazza Castello 34, 25019 Sirmione, Tel. +39 30 91 64 68
www.museilombardia.cultura.gov.it

Verliebt in Garda

64 Brücke mit Liebesschlössern in Garda

Die Region um den zauberhaften Gardasee verfügt über zahlreiche Orte, in die man sich verlieben kann, nein, einfach muss! Der malerische Ort Garda, zärtlich an eine sanft geschwungene Bucht geschmiegt und bewacht von dem über 300 Meter hohen Fels, der Rocca, ist solch ein liebenswerter Platz. Verwinkelte Gässchen, nette Bars, die sehr gepflegte Promenade am See, üppige mediterrane Vegetation und einer der schönsten Sonnenuntergänge am Lago – man spürt es förmlich: Hier ist das Glück zu Hause und fühlt sich sichtlich wohl!
Verliebt zu sein kann man auf unterschiedlichste Art und Weise der Öffentlichkeit mitteilen. In Garda gibt es eine besondere Tradition von Liebenden, die inzwischen die ganze Welt erobert hat: Liebesschlösser, die von Verliebten an eine Brücke gehängt werden. Damit demonstriert man seine tiefe Verbundenheit, unzertrennliche Zuneigung und hofft auf ewig dauernde Liebe – die Hoffnung stirbt ja bekannterweise zuletzt … Entstanden ist dieser romantische Liebesbeweis – wie könnte es anders sein – im Land der „Amore", der großen Gefühle, in Italien. „Lucchetti d'amore" heißt diese Sitte, an schönen Brücken das sehr persönliche Liebesschloss fest zu verankern. Anschließend wirft man gemeinsam den kleinen Schlüssel in das Wasser und ruft „per sempre" (für immer) und hofft insgeheim, dass der Wunsch in Erfüllung gehen möge. Einer dieser öffentlichen Orte für Verliebte ist die kleine Brücke über den Bach Torrente Gusa an der sehr gepflegten Promenade Lungolago Europa. Liebesschlösser erhält man im Kiosk an der nahe gelegenen, hübschen Piazzale Roma. Das große Glück, verliebt zu sein, braucht nicht immer einen Lebenspartner. Man kann in sehr viel verliebt sein: in eine schöne Landschaft, alte Häuser, eine historische Kirche, gepflegten Wein oder in einen kleinen charmanten Ort, eben Garda! Verliebt in Garda – auch das ist ein Liebesschloss an der Brücke wert! Glück kann sich auf so viele unterschiedliche Arten zeigen: In Garda verliebt sein ist eine davon! Per sempre, Garda!

TIPP

„Lago di Garda in Love" heißt u. a. in Garda eine Veranstaltung im Februar zum Thema Liebe.

● Lungolago Europa, 37016 Garda

Auf und im Lago

65 Tretbootverleih in Riva del Garda

„Eine Seefahrt, die ist lustig, eine Seefahrt, die ist schön!" Das stimmt und trifft natürlich auch auf den herrlichen Gardasee zu. Die Region präsentiert sich vom Wasser aus in einer völlig anderen, spannenden Perspektive, die neue Ausblicke erlaubt. Ob mit der Segelyacht, dem Ausflugsdampfer, der Autofähre oder mit dem „Rolls-Royce" des Lago, dem schicken Riva-Boot, dessen eleganter Bootskörper aus Holz mit Mahagonideck besteht – die Möglichkeiten, sich auf dem nassen Element fortzubewegen, sind vielfältig und hängen natürlich auch vom persönlichen Geldbeutel ab. Eine günstige und amüsante Alternative sind die Tretboote, die in Riva del Garda vermietet werden. In dem kleinen Hafenbecken am Lungolago warten die kleinen kunterbunten Wasserfahrräder auf ihre neuen Freizeitkapitäne. Wer eine bequeme Seereise erleben möchte, wählt das Bötchen mit den Liegestühlen. Für Familien mit Kindern ist sicherlich das Boot mit der Rutsche erste Wahl. Daher Badesachen nicht vergessen, denn die Rutsche führt direkt in den See! Diese Wasserspiele sind gerade an heißen Sommertagen eine willkommene Erfrischung und machen richtig Spaß. Frisch Verliebte möchten gerne ihre Zweisamkeit genießen und wählen daher eher den kleinen Zweisitzer. Ein leckeres Picknick auf dem See mit spektakulärem Blick auf die herrliche Bergkulisse des Monte Baldo oder die steilen, felsigen Hänge des Monte Rochetta bei Riva krönt das Glück – diesen romantischen Ausflug vergisst man nicht so schnell!

Vor dem Start sollte man beim Bootsverleiher nachfragen, wie das Wetter sich entwickeln wird. Im Norden des Lago gibt es zwei konstante Hauptwinde: den Pelér, auch Vento genannt, ein frischer Nordwind, der im Sommer ab frühmorgens von Norden nach Süden weht. Abgelöst wird dieser „Schön-Wetter-Wind" mittags von der Ora, dem warmen Südwind. Wenn alles geklärt, Kind und Kegel verstaut sind, heißt es endlich: „Leinen los"! „Ein köstliches Schauspiel, der Gardasee", stellte Goethe einst fest. Wie recht er doch hat!

TIPP

Im Reptilienhaus Reptiland (Piazza Garibaldi 2) leben u. a. Giftschlangen, Vogelspinnen und Skorpione.

● Taxi Boat Experience Cristiano Cattoni, Lungolago Marinai d'Italia 4, 38066 Riva del Garda, Tel. +39 33 56 05 44 54

Auf Entdeckertour gehen

66 Chiesa S. S. Nicolò e Severo in Bardolino

Kirchen sind Plätze der Ruhe, Besinnung, Andacht und der Spiritualität. Es sind Rückzugsräume, um den Alltagsstress für einige Zeit zu vergessen und neue Kraft zu tanken. Man muss nicht gläubig sein, um diese intensive Stimmung, diese einmalige Atmosphäre zu spüren. Gemessen an der Größe des kleinen Ortes gibt es in Bardolino sage und schreibe elf dieser wundervollen Ruheoasen. Kaum zu glauben, wenn man durch das quirlige, laute Touristenzentrum mit all seinen Vergnügungstempeln und Partymeilen schlendert. Aber hier existiert bis heute eine große aktive Kirchengemeinde. Eines dieser wundervollen Gotteshäuser steht im Zentrum der historischen Altstadt, am Ende der großzügig gestalteten Piazza Giacomo Matteotti (Fußgängerzone). Die große Kirche San Nicolò e Severo kann man nicht verfehlen. Mit ihren vier imposanten korinthischen Säulen vor dem Eingangsportal macht sie schon von Weitem auf sich aufmerksam. Damit erinnert die Chiesa (erbaut 1830–1844) von außen an einen neoklassizistischen Tempel. Ganz im Sinn des Erbauers, dem Architekten Bartolomeo Giuliari, der mit seinem Entwurf den damaligen Zeitgeist exakt traf.

Im Inneren des zauberhaften Gebäudes fallen sofort die ganz unterschiedlichen Stilrichtungen auf, was den Innenraum so interessant und spannend macht. Highlights sind die zahlreichen Fresken, wie das riesige Gemälde in der Halbkuppel über dem Altar. Herrlich sind auch die Buntglasfenster, die ihrer Bezeichnung alle Ehre machen, vor allem, wenn die Sonne hindurch scheint! Es gibt viel zu entdecken, wie beispielsweise eine Nachbildung der Grotte von Lourdes. Daher sollte man für den Besuch etwas Zeit mitbringen. Wer möchte, kann für sich und seine Lieben vor verschiedenen Heiligen eine Kerze anzünden, wie vor der barocken Heiligen Maria in der Mitte der Kirche. Ein Moment der Ruhe, des Gedenkens an die Lieben, der Wünsche, aber auch ein Moment der tiefen Dankbarkeit, dies alles erleben zu dürfen!

TIPP

Im Sommer finden vor der Kirche Konzerte statt. An Weihnachten wird hier der Weihnachtsbaum aufgestellt.

● Chiesa S. S. Nicolò e Severo, Piazza Giacomo Matteotti 8, 37011 Bardolino, Tel. +39 4 57 21 00 16, www.parrocchiabardolino.it

Klein, aber oho

67

Fiume Aril in Cassone bei Malcesine

Wer optimale Erholung wünscht, ist im malerischen Cassone bestens aufgehoben. Dennoch trifft man hier auf eine sensationelle Überraschung: „Der kürzeste Fluss der Welt (175 Meter)“ steht auf einer Hinweistafel im Ort bei dem Flüsschen Aril. Das stimmt nicht ganz, denn in Montana in den USA gibt es ein noch kürzeres Flüsschen (61 Meter). Aber wen stört das! Dafür kann der Aril mit einer Quelle, drei Brücken und einem Wasserfall aufwarten. Mit seinem glasklaren Wasser sucht er sich träge seinen Weg zum nahen Gardasee. Allerdings lassen die links und rechts von ihm liegenden Auffang-Wasserbecken erahnen, dass der Aril auch anders kann! Besonders nach längeren Regenfällen gewinnt das Flüsschen an immenser Kraft. Diese Wasserkraft wurde früher genutzt, um die Olivenölmühle anzutreiben, die noch bis 1913 in Betrieb war. Auch die Forellen nutzen das Wasser für sich. Sie schwimmen flussaufwärts und legen dort ihre Eier ab. Deshalb steht das Gewässer unter Naturschutz.

Doch der ehemalige Fischerort Cassone hat noch mehr zu bieten: das „Museo del Lago“. Dieses Fischereimuseum liegt direkt am kleinen Hafenbecken. Es bietet interessante Einblicke in das tägliche Leben der Fischer. Weiter lohnt der Besuch der kleinen Wallfahrtskirche oberhalb des gemütlichen Ortes, die seit über 1.000 Jahren den Seeblick genießt. Auch die Pfarrkirche im Ort ist eine Besonderheit, da das Gebäude acht Ecken zählt! Direkt am See wacht auch das Wahrzeichen von Cassone über den Ort: der um 1500 erbaute kleine Turm „La Toresela“, ein mittelalterlicher Hafenkran. Wer Lust hat, kann am hübschen Kiesstrand (mit breitem Holzsteg und großer Badeinsel) eine erholsame, erfrischende Pause einlegen. Im Gegensatz zu den Bademöglichkeiten im nahen Malcesine geht es hier herrlich entspannt, ruhig und beschaulich zu – wunderbar! Der Ausblick zum gegenüberliegenden Steilufer ist beeindruckend. Dreht man sich um, erinnert das Monte-Baldo-Massiv mit seinen zahlreichen Wanderwegen daran, dass das Glück auch auf Schusters Rappen liegt!

TIPP

An Weihnachten installiert der Verein „Amici del presepio“ eine schwimmende Krippe – sehenswert!

37018 Cassone di Malcesine

Im Schlaraffenland

68 Antica Salumeria G. Albertini in Verona

Bereits die Außenansicht des kleinen historischen Feinkostgeschäftes in Veronas Altstadt nahe dem Dom ist eine absolute Augenweide! Über der gläsernen Eingangstüre, flankiert von zwei großen Fenstern, prangt ein riesiges graues Blechschild, verziert mit zauberhaften Jugendstil-Blumenelementen. „Salumeria G. Albertini" steht hier unübersehbar in leuchtenden roten Buchstaben. Wer kann diesem Entrée widerstehen? Kaum einer, denn hinter der Außenfassade befindet sich ein wundervolles Paradies für all jene, die italienische Spezialitäten in ausgezeichneter Qualität suchen und zu schätzen wissen. Das Besondere an dieser Fassade sind die alten Holzkisten unter den Schaufenstern. Eine Marketingmaßnahme des damaligen Geschäftsgründers aus einer Zeit, in der man noch weit davon entfernt war, virtuell um Kunden zu buhlen, sondern zahlungswilliges Klientel in der realen Welt auf sich aufmerksam machte. Auf diesen Kisten positionierte der Chef geschickt seine Sonderangebote, wie Wein und duftende Lebensmittel, beispielsweise Knoblauchsalami oder würzigen Käse. Die herrlichen, appetitanregenden Düfte lockten sehr erfolgreich vorüberziehende Passanten in das Geschäft, das heute vom Sohn des Gründers geführt wird. Auch im Inneren des wundervollen Geschäftes hat sich seit der Gründung nicht viel geändert. Beim Anblick der alten Regale und Vitrinen verspürt man sofort den Charme vergangener Zeiten, der das Geschäft prägt. Auch beim angebotenen Sortiment hat sich nicht viel geändert. Warum auch, schließlich kam und kommt das Konzept bei den Kunden – viele davon sind Stammkunden – bestens an. In diesem Schlaraffenland wird Wert auf gute Fachberatung (mit ausführlichem Probieren) gelegt. Kann man Glück essen? Ja, hier schon, und die leckeren Spezialitäten machen gute Laune! „Man soll dem Leib etwas Gutes bieten, damit die Seele Lust hat, darin zu wohnen", stellte einst Winston Churchill fest. Auch aus diesem Grund ist der Besuch in der wundervollen Salumeria empfehlenswert!

TIPP

Die gotische Chiesa Sant' Anastasia (Piazza Sant'Anastasia) der Dominikaner lohnt einen Besuch.

● Antica Salumeria Albertini, Corso Sant'Anastasia 41, 37121 Verona, Tel. +39 4 58 03 10 74

SALUMERIA
CARNI SUINE I. Q.-tel. 27801
G. ALBERTI
OLIO D'OLIVA E DI
SECCO-BERTANI

Auf die Wespe, fertig, los

69

Vespa-Verleih Titasport in Bardolino

Das Glück ist rot, fährt auf zwei Rädern und ist Sinnbild für Freiheit! Allein bei Nennung dieser drei typischen Merkmale wissen die meisten, wovon hier die Rede ist – genau, von einer Vespa! Kein anderes Fortbewegungsmittel hat das italienische Lebensgefühl derart geprägt wie dieser Roller. Italienischer Lifestyle pur! Die Erfolgsstory begann im Jahr 1946. „Es sieht aus wie eine Wespe", stellte ihr Erfinder Enrico Piaggio fest und schon war der Name für den Roller geboren: Vespa. Die sinnlichen, glänzenden Lackrundungen wecken nostalgische Erinnerungen an die gute, alte Zeit. An jene Zeit, als Audrey Hepburn und Gregory Peck in dem Film „Ein Herz und eine Krone" auf einer Vespa durch Rom kurvten und den Fahruntersatz damit salonfähig machten. Eine Spritztour mit einer Vespa ist ein einzigartig schönes Urlaubserlebnis, das man sich unbedingt gönnen sollte! Einfach mal den mediterran duftenden Fahrtwind um die Nase wehen lassen und nur genießen! Solch eine Ausfahrt ist die beste Art, den Gardasee mit seinen unterschiedlichen Facetten näher kennenzulernen.

TIPP

Im Bardoleat (Borgo Giuseppe Garibaldi 29) gibt es für die Tour feinste italienische Delikatessen.

Wer nun auf den Geschmack gekommen ist und ein echter „Vespiti" werden will, benötigt für das Ausleihen dieses Fortbewegungsmittels zwei Dinge: einen PKW-Führerschein und einen seriösen Roller-Verleih wie das Geschäft Titasport in Bardolino, das u. a. rote Vespas anbieten. Falls gewünscht, wartet der Fahruntersatz direkt vor dem Hotel auf seinen Einsatz. Man spricht hier auch Deutsch, was oft Übergabe und Einweisung erleichtert. Alle Roller sind in einem technisch einwandfreien Zustand. Ausführliche Tipps zu schönen Touren, bester Service und faire Preise gehören zum Konzept des Ladens. Nun heißt es endlich: aufsitzen, anlassen und losfahren! Unbeschreiblich schönes Dolce-Vita-Feeling ab der ersten Fahrminute ist garantiert! Bei dem unterhaltsamen Ausflug auf dem Rücken der roten Italienerin geht es nur im eines: viel Spaß haben. Es gibt Dinge, die muss man einfach mal gemacht haben. Eine Spritztour am Lago mit der Vespa gehört definitiv dazu!

● Titasport-Shop, Via Marconi 42, 37011 Bardolino, Tel. +39 4 56 21 08 69
www.titasport.it

TITASPORT
TRAVEL IN TOTAL ACTIVITY

Markttreiben mit Madonna

70

Piazza delle Erbe in Verona

Die malerische Piazza delle Erbe ist das pulsierende Herz in Veronas Altstadt und zählt zu den schönsten Plätzen Italiens. Trubel und reger Handel standen hier schon immer im Mittelpunkt. Bereits bei den Römern diente die herrliche Piazza als Forum, auf dem sich das städtische Leben abspielte und Geschäfte getätigt wurden. Im Mittelalter wurde hier hauptsächlich mit dem Verkauf von Kräutern Geld verdient. Aus dieser Zeit stammt auch der Name Piazza delle Erbe (Platz der Kräuter). Auch heute ist die Piazza gern besuchter Marktplatz. An den Ständen mit ihren charakteristischen weißen Sonnenschirmen werden Obst und Gemüse angeboten, meist von Bauern aus der Region. Je nach Saison gesellen sich fliegende Händler mit gerösteten Maroni und Pilzen aus den nahen Wäldern hinzu.

TIPP

In der nahen Pasticceria Flego (Corso Porta Borsari 9) gibt es die vermutlich besten Cornetti der Stadt!

Beachtenswert sind die herrlichen, den Platz harmonisch einrahmenden Prachtgebäude! Hierzu zählt beispielsweise der Palazzo Maffei neben dem Torre (Turm) del Gardello, eine barocke Schönheit, die ihresgleichen sucht! Von der Brüstung aus grüßen Venus, Merkur, Apollo, Minerva und Jupiter. Wunderschön anzusehen sind auch die Fresken der Case Mazzanti, einer Häuserzeile im Osten des Platzes. Die alte Pracht stammt aus dem 16. Jahrhundert, einer Zeit, in der es üblich war, Häuserfronten mit bunten Malereien zu verzieren. Auf dem Platz beobachtet eine Statue inmitten eines Brunnens (1368) das bunte Marktreiben: die zauberhafte Madonna Verona. Die Veroneser lieben ihre anmutige Madonna, die Schönheit und Reichtum der Stadt symbolisiert. Auf der Schriftrolle, die die Schöne hält, ist frei übersetzt zu lesen: „Verona ist eine Stadt, die Gerechtigkeit spendet und Lob liebt". Wer möchte, setzt sich in eine der Bars rings um den Platz und beobachtet die italienische Lebensfreude auf der Piazza. So lässt es sich aushalten, in der vermutlich italienischsten Stadt Italiens!

● Piazza delle Erbe, 37121 Verona

Schlicht und ergreifend

71 Chiesa di San Nicolò in Lazise

Gegensätze ziehen sich häufig an. Das gilt auch für den alten, kleinen Hafen in Lazise. Größer könnte hier der Kontrast nicht sein! Auf der einen Seite des Hafenbeckens tobt rings um die Piazza Vittorio Emanuele II. das touristische Leben! Einst diente der hübsche Platz als Umschlagplatz für Händler, die vor allem regionale Waren anboten. Heute reiht sich ein Lokal an das andere und buhlt um die zahlreich vertretene Kundschaft. Auf den Terrassen vor den Lokalen herrscht – besonders beim abendlichen Partyvolk – ein unüberhörbarer Geräuschpegel. Hier sitzt man, isst, trinkt, feiert, lacht und freut sich lautstark des Lebens.

Ganz im Gegensatz dazu herrscht an der anderen Seite des malerischen historischen Hafenbeckens eine völlig andere Stimmung! Hier ist es angenehm still, idyllisch und beschaulich. Ruhepol ist ohne Frage die schlichte Chiesa di San Nicolò. Sie steht mit ihrem hohen Turm neben der einstigen Zollstation (14. Jahrhundert), der 2003 perfekt restaurierten Cangrande della Scala. Die Kirche wirkt wie ein Fels in der Brandung – und das seit dem 12. Jahrhundert! Das kleine romanische Gotteshaus, dem Schutzpatron der Fischer geweiht, blickt auf eine lange stürmische Geschichte zurück: mal war es Warenlager, mal Kaserne, mal Wohnstätte und mal Kino. Seit 1953 dient das Gebäude wieder seiner ursprünglichen Bestimmung als Kirche. Im Jahr 2020 wurde die Chiesa umfassend renoviert. Wer über ihre Schwelle tritt, lässt in diesem Augenblick sämtlichen Lärm draußen zurück. Faszinierend! Es fällt sofort auf, dass das Innere sehr schlicht ausgestattet ist: die Decke aus dunklen Holzbalken und an den Seitenwänden einige sehenswerte Fresken aus dem 14. Jahrhundert – mehr nicht! Vielleicht macht genau diese unverfälschte Einfachheit den Zauber dieses Gotteshauses aus. Ein Ort des Innehaltens, eine herrliche Oase für eine kurze, aber intensive Auszeit zwischendurch, eine kleine Insel der erhabenen Stille. Einfach ein Platz, um abzuschalten. Ab und zu braucht man einen solch magischen Ort der Ruhe!

TIPP

Das Restaurant Kambusa (Via Calle 1) im ältesten Gebäude von Lazise hat sich auf fangfrische Fische vom Grill spezialisiert.

● Chiesa San Nicolò, Via Fontana 5, 37017 Lazise

Holde Aida

72

Arena di Verona in Verona

Musik live erleben zu dürfen ist ein herrliches Erlebnis, das nachweislich intensive Glücksgefühle erzeugen kann. Genau das geschieht auch bei den musikalischen Events in der beeindruckenden Arena di Verona! Das antike Amphitheater bietet Platz für rund 22.000 Zuschauer. Früher wurden hier u. a. Gladiatoren-Wettkämpfe aufgeführt. Heute nutzt man die brillante Akustik für ein fantastisches Hörerlebnis bei Konzerten und Opernaufführungen. An erster Stelle ist hierbei die Oper „Aida" von Giuseppe Verdi zu nennen, die hier erstmals am 10. August 1913 gespielt wurde, am 100. Geburtstag des großen Komponisten. Wer das große Glück hat, diese grandiose Aufführung mit zahlreichen Statisten in diesem antiken Ambiente zu erleben, kann sicher sein, dass er diese wundervollen Impressionen sein Leben lang nicht vergessen wird.

Bei der Auswahl der Plätze kann man grob zwischen drei Kategorien wählen: Die rot gepolsterten Stühle auf rotem Teppich im Innenraum des Theaters verleihen zwar einen gewissen VIP-Status, sind aber kostspielig. Alternativ dazu kann man die normalen Sitze der „Prima Gradinata" (Erster Sektor) wählen. Nicht ganz bequem, daher unbedingt ein Sitzpolster mitnehmen! Eine gute Empfehlung sind die Plätze auf den oberen Steinstufen, dem zweiten Sektor („Seconda Gradinata"), nicht nur, weil sie am günstigsten sind, sondern weil man hier authentische, italienische Mentalität live erleben kann. Der Opernbesuch avanciert zum zelebrierten Event. Aus den mitgebrachten Picknickkörben werden leckere kleine Köstlichkeiten gezaubert. Man lacht verhalten, scherzt dezent und singt gestenreich, jedoch leise, die bekannten Arien mit. Diese ungebremste italienische Lebensfreude steckt an – in deutschen Opernhäusern schlichtweg unvorstellbar. Es ist eine Art Volksfest unter freiem Sternenhimmel. Im ersten Akt – so will es die Tradition – zünden Besucher auf den Rängen zahllose Lichter an, die zauberhaft glitzern. Welch grandioses Spektakel in einer unvergesslichen Nacht, in der das ganz große Glück erlebt werden darf!

TIPP

Die Verona-Card bietet Ermäßigungen für Sehenswürdigkeiten und öffentliche Verkehrsmittel.

● Arena di Verona, Piazza Brà 1, 37121 Verona, Tel. +39 32 86 12 69 43 oder Tel. +39 38 84 97 16 40, www.arena.it

GATE

Vom Kloster zum Adelssitz

73

Isola del Garda im Gardasee

Außergewöhnlich, mystisch, spirituell, einzigartig und einfach nur wundervoll! Egal mit welchen positiven Attributen man die zauberhafte Isola del Garda schmückt, sie reichen alle nicht aus, um diese größte Insel im Gardasee zu beschreiben. Denn sie ist eigentlich nur eins: viel zu schön, um wahr zu sein! Das Kleinod mit einer Fläche von rund 7 Hektar liegt nahe dem Cap San Fermo im westlichen Teil des Sees. Die Isola sah schon viele Kommen und Gehen, beispielsweise Römer, Gallier und Langobarden. Wen wundert das schon bei der absolut traumhaft schönen Lage! Auch der berühmte Dichter Dante hielt sich auf dem grünen Refugium auf und war derart beeindruckt, dass er seinen Besuch in der „Göttlichen Komödie" verewigte.

Karl der Große schenkte die Insel 879 den Mönchen des Klosters San Zeno (Verona). Aus der im Jahr 1220 von Franz von Assisi gegründeten Einsiedelei auf der Insel ging später ein Kloster hervor. Nach und nach entwickelte es sich zu einem spirituellen und geistigen Meditationszentrum, das Mönche u. a. zur inneren Einkehr nutzten. 1817 ließ Graf Luigi Lechi aus Brescia das Kloster zu einer pompösen Villa umbauen, aus der zwischen 1890 und 1903 das schöne Schloss entstand, das heute zu sehen ist. Vorbild waren die Palazzi am Canal Grande in Venedig, wie unschwer zu erkennen ist. Seit fünf Generationen ist die dicht bewaldete Insel nun im Besitz der Adelsfamilie Borghese-Cavazza, die das gesamte Gelände für die Öffentlichkeit zugänglich gemacht hat. Während des zweistündigen Rundgangs geleitet die Contessa persönlich ihre Gäste durch die herrlichen Parkanlagen und Teile des Schlosses. Besonders beeindruckend sind – neben der prachtvollen Villa im neugotisch-venezianischen Stil – die herrlichen Gärten, ein Zuhause auch für unzählige, fröhlich zwitschernde Vögel. So ungefähr muss das Paradies aussehen! Eigentlich alles viel zu schön, um Realität zu sein! Bitte fest zwicken, um zu spüren, dass der Inselbesuch nicht nur ein Traum ist!

TIPP

Bootstouren zur Insel starten von elf Seeorten von April bis Oktober.

● Isola del Garda, 25010 San Felice del Benaco, Tel. +39 32 86 12 69 43 oder Tel. +39 38 84 97 16 40, www.isoladelgarda.com

Blühendes Paradies

74 Garten des Palazzo Bettoni in Bogliaco

Das ganze Dorf ein Palast! Dieser Eindruck entsteht, wenn man sich von der Seeseite her dem überaus prächtigen Palazzo Bettoni (mit eigener Anlegestelle) nähert. Denn das riesige architektonische Highlight im neoklassizistischen Stil (18. Jahrhundert), das von der vermögenden Familie Bettoni errichtet wurde, dominiert das Seeufer bei Gargnano. Die restlichen Häuser des beschaulichen Dorfes Bogliaco wirken dagegen wie Spielzeug. Auch im Inneren klotzte man, statt zu kleckern, stattete die Wände mit üppigen Barockfresken und die Balustrade sowie Innentreppe mit mächtigen mythologischen Figuren aus. Wie es sich für eine wichtige Adelsfamilie gehörte, gingen in den herrlichen Räumlichkeiten viele VIPs ein und aus: Victor Hugo, Garibaldi, Puccini und Napoleon III., um nur einige zu nennen. Sicherlich flanierten diese Persönlichkeiten auch entlang der herrlichen Gartenanlage, die heute durch die Gardensana Occidentale (SS 45) vom Palazzo getrennt ist. Die Villa kann nach Zahlung des Eintritts in einem geführten Rundgang besichtigt werden. Allerdings sollte man auf die Öffnungszeiten achten, da die Familie nach wie vor den Palazzo selbst bewohnt. Kostenlos hingegen ist der neugierige Blick durch das „Schlüsselloch", die Gitterstäbe des Gartentores, auf eine der spektakulärsten Gartenanlagen der gesamten Seeregion! Wer mit dem PKW von Norden anreist, kann direkt vor dem Gartentor parken. Drei bis vier Autos haben dort Platz. Der weitläufige terrassenförmige Barockgarten mit unzähligen Lorbeer-, Zitronen- und Orangenbäumen spielt gekonnt mit der Perspektive. Daher verändert er sich, je nach Blickwinkel des jeweiligen Standorts. Drei Brunnen werden von eigenen Quellen gespeist. Die prächtige Gloriette erinnert an das Wiener Pendant im Park von Schloss Schönbrunn. Sicher kein Zufall, denn die Bettonis pflegten einst guten Kontakt zu den Habsburgern. Die auffallend schöne Gartenanlage ist absolut einzigartig am Gardasee. Ein perfekter, von Menschenhand inszenierter Ort, der vollkommen im Einklang mit der Natur steht.

TIPP

Den Palazzo kann man vom nahen Porto di Bogliaco bewundern. Einfach nur Richtung Norden schauen!

● Villa Bettoni, Via della Libertà 77, 25084 Gargnano, Tel. +39 34 97 70 28 10 oder Tel. +39 34 50 53 36 53, www.villabettoni.it

Fast schon dekadent

75

Römische Villa in Desenzano

Desenzano, größtes Städtchen am Lago, war und ist ein wichtiges Handelszentrum. Der Tourismus spielt hier eher eine untergeordnete Rolle. Sein Wohlstand und die Urbanität drücken sich auch in der Architektur aus, eine spannende Mischung aus Geschichte und Moderne! Unverhohlen präsentieren die historischen Handelshäuser um die Piazza Malvezzi ihren Prunk, mit ihren charakteristischen Arkadenbögen und Laubengängen beim alten Hafen (Porto Vecchio). Bei einem Bummel durch die sehenswerte Altstadt trifft man auf weitere, stumme Zeugen des einstigen Reichtums. Eines dieser großzügig angelegten Bauwerke ist die Villa Romana nahe dem Dom. Es wird vermutet, dass der Besitzer kein Geringerer als Flavius Magnus Decentius war, Namenspatron des Ortes und Bruder von Kaiser Magnentius. Der Zufallsfund aus den 1920er-Jahren ist ein wahrer Glücksfall für Fachleute und stellt eine Sensation dar, die Einblick sowohl in die römische Baukunst als auch in die römische Lebensart gibt! Es handelt sich hier um eine der größten spätantiken Villen ganz Norditaliens, ein immens wichtiges Zeitzeugnis. Als Bauzeit wird das 1. Jahrhundert bis Mitte des 4. Jahrhundert angenommen.

TIPP

Das Caffè al Ponte (Via Porto Vecchio 2/4) mit traumhaften Hafenblick lädt zur Pause ein.

Wer die Ausgrabungen der herrschaftlichen Villa besichtigt, kommt aus dem Staunen nicht mehr heraus: Die Villa verfügte über rund 1.000 Quadratmeter Wohnfläche, natürlich direkt am See gelegen. Selbstverständlich gehörten zu dem feudalen Gutshof auch etliche Wirtschaftsgebäude, Garten, Schiffsstege und ein Thermalbereich. Damit die Herrschaften im Winter nicht frieren mussten, existierte eine, unter den Böden versteckte, Fußbodenheizung! Absolutes Highlight sind fraglos die hinreißend schönen Bodenmosaike, die auf rund 240 Quadratmetern mit ihrer Farbenpracht entzücken. Zu sehen sind u. a. die netten kleinen pummeligen „Amorini“ (geflügelte Liebesgötter). So lebendig dargestellt, als möchten Amors Helferlein im nächsten Augenblick aus dem Mosaik ins reale Leben springen. Was sich sicherlich der ein oder andere Besucher insgeheim wünscht …

● Römische Villa, Via Crocefisso 22, 25015 Desenzano del Garda,
Tel. +39 3 09 14 35 47
www.villaromanadesenzano.beniculturali.it

Einfach exzellent

76 Trattoria Dal Pansa in Colà

Von außen betrachtet, wirkt das Lokal Dal Pansa eher schlicht. „Trattoria" heißt es über der Eingangstür, also muss man hier richtig sein! Der gemütliche Gastraum begrüßt den hungrigen Gast im klassischen Ambiente einer typisch italienischen Trattoria: einfache Holztische, gedeckt mit grün-karierten Tischdecken, darauf ein Brotkorb, Grissini sowie Essig- und Ölflaschen. Als Sitzgelegenheiten dienen Holzstühle mit Bastsitzen. In dieser Trattoria spürt man, dass bewusst auf unnötigen Schnickschnack verzichtet wurde. Denn hier konzentriert man sich auf das Wesentliche, nämlich ausgezeichnetes Essen. Das charmante Lokal offeriert einfache regionale Küche, die geschmacklich aber ihresgleichen sucht! Nicht umsonst ist das gemütliche Gasthaus beliebter Treffpunkt zahlreicher Einheimischer. Touristen finden selten den Weg hierher, vielleicht weil die Trattoria etwas versteckt liegt. Dennoch ist eine Reservierung zu empfehlen.

TIPP
Das kleine Il Paperonero Pizza Bistrot (Via Castello 2) ist bekannt für seine sehr leckeren Pizzen!

Die Speisekarte ist zwar übersichtlich gestaltet, dafür sind die angebotenen Gerichte authentisch, die Preise erfreulich moderat und die Portionen reichlich. Vorspeisen, die lustvoll auf der Zunge zergehen und Glücksmomente bescheren, sind u. a. Polenta mit Trüffel und Käse oder handgemachte Tortellini. Nicht extra erwähnen müsste man eigentlich, dass hier alle Nudelsorten selbst hergestellt werden. Auch beim Hauptgang reißt die lukullische Glückssträhne nicht ab, z. B. gibt es butterzartes „Fileto di manzo alla grilla" (gegrilltes Rinderfilet aus regionalem Fleisch) mit grünem Pfeffer, Rucola und Parmigiano. Den süßen Abschluss könnte das köstliche „Panna cotta ai frutti di bosco" (Panna cotta mit Waldfrüchten) oder das auf der Zunge dahinschmelzende „Sorbetto al limone" (Zitronensorbet) bilden. Dazu noch ein starker Cortado, eine Kaffeespezialität aus Espresso mit gleichem Anteil heißer Milch, der traditionell in einem Glas serviert wird. Ein wunderschöner Abend neigt sich nun leider zu Ende. Ein Abend bei typisch italienischer Gastfreundschaft, in gemütlicher Atmosphäre und mit ausgezeichneten Speisen – Glück, was willst du mehr!

● Trattoria Dal Pansa, Via Piazza di Sopra 12, 37017 Colà, Tel. +39 34 95 13 99 66

TRATTORIA
VIETATO
FUMARE
BENVENUTO!

Entspannung für die Familie

77 Parco Bassani in Bardolino

Der Parco Bassani, eine schöne, grüne Oase mit herrlichem altem Baumbestand, liegt mitten im historischen Zentrum Bardolinos, einem quirligen, touristisch geprägten Ort an der Ostseite des Gardasees. Es ist ein Wohlfühlort für die ganze Familie, und das darf hier gerne wörtlich genommen werden! Benannt ist das im Jahr 2000 sanierte erholsame Refugium nach dem bekannten italienischen Schriftsteller Giorgio Bassani (1916–2000). Die grüne Lunge ist beliebter Treffpunkt für Kinder in jedem Alter, denn sie lädt mit einer tollen Besonderheit ein. Der riesige Spielbereich in dem Park ist nach Altersgruppen unterteilt. Die rund zwanzig verschiedenen Spielattraktionen, verteilt auf drei Spielzonen, wurden nach neuesten pädagogischen Erkenntnissen gestaltet und nach Sternen getauft wie beispielsweise Regulus (im Sternbild Löwe) oder Wega (hellster Stern im Sternbild Leier). Besonders beliebt ist bei den Kapitänen in spe – wie könnte es am See anders sein – das große rote Schiff mit gelber Rutsche. Gespendet wurden sämtliche Spielgeräte von der Stiftung „Germano Chincherini – Onlus", die sich für bedürftige Kinder und Jugendliche engagiert. Ins Leben gerufen wurde die Institution von Germano Chincherini. 1937 in Limone sul Garda geboren, hatte er Zeit seines Lebens eine sehr enge Beziehung zum Lago.

TIPP

Kinder lieben die hausgemachte Pasta des kleinen Lokals La Formica (Piazza Luigi Lenotti 11). Günstige Preise!

Es gibt noch mehr zu entdecken: Besonders für Pubertierende ist es quasi überlebenswichtig zu wissen, dass im ganzen Park gottlob das Internet funktioniert. Dazu beschatten riesige grüne Sonnenschirme in Form von herrlichen Baumriesen wie uralte Zedern und Zypressen die bequemen Ruhebänke. Wer Interesse hat, kann sein botanisches Wissen auf einem Lehrpfad erweitern oder auffrischen. An heißen Sommertagen spenden Trinkwasserbrunnen willkommene Erfrischung. Während die Kinder ihre Spielgeräte ausprobieren, ergeben sich oft mit den italienischen Müttern und Vätern unterhaltsame, interessante Gespräche. Der Parco Bassani ist eben ein herrlich entspannter Ort für die ganze Familie, den man immer wieder gerne besucht.

● Parco Bassani, zwischen Via San Severo und Via Fosse, 37011 Bardolino

Reise in die Bronzezeit

78 Museo delle Palafitte am Ledrosee

Nur wenige Kilometer von Riva del Garda entfernt, fernab vom touristischen Rummel, liegt beschaulich das wildromantische Valle di Ledro. Hier ist die beeindruckend schöne Natur völlig intakt, das tägliche Leben der Einheimischen ursprünglich und authentisch. Die freundlichen, bodenständigen Bewohner strahlen Glück und Zufriedenheit aus. Mitten zwischen bewaldeten Berghängen und blühenden Wiesen liegt ein dunkelblaues Kleinod, der Lago di Ledro. Dieses Naturjuwel, dessen Wasser Trinkwasserqualität aufweist, lädt im Sommer zum Segeln, Surfen, Paddeln und Schwimmen ein (es gibt vier kostenlose Strände). Wer Lust hat, findet rings um den Lago zahlreiche, bestens ausgeschilderte Wanderwege unterschiedlichsten Schwierigkeitsgrades. Rund 10 Kilometer lang ist der Spaziergang um den See, eine einfache, aber lohnenswerte Wanderung durch herrliche Natur, die auch für Kinder geeignet ist. „Escursioni Natura" heißt das Wanderprogramm des Fremdenverkehrsamtes (auch auf Deutsch), bei dem man Land und Leute näher kennenlernt.

TIPP

Im Ristorante Al Lago (Via Stramentizzo Nuovo 20) gibt es u. a. fangfrische gegrillte Forellen aus dem Lago.

Aber die eigentliche Sensation am See ist rund 4.000 Jahre alt: Es sind Pfahlbauten aus der Bronzezeit, in ihrer Gesamtheit (mehr als 10.000 Pfähle) eine der bedeutendsten Pfahlbausiedlungen Europas, die sich deshalb seit 2011 mit dem Titel UNESCO-Weltkulturerbe schmücken darf. Die aufregende und unterhaltsame Zeitreise führt u. a. in die nachgebauten Pfahlhäuser des Museo delle Palafitte, das 2019 komplett neu gestaltet wurde. Was für ein Glück, dass der Seegrund aus Lehm besteht! Dadurch konnten wertvolle Gegenstände des damaligen täglichen Lebens „konserviert" und so für die Nachwelt erhalten werden. Das Kanu, geschnitzt aus einem 5 Meter langen Tannenholz, ist beispielsweise solch ein Glücksfall. Spannend sind die Workshops, die im Juli und August Neugierigen angeboten werden. Man lernt, wie einst Brot gebacken wurde, oder übt die Tänze, die bei unseren Vorfahren besonders beliebt waren. Witzig und informativ zugleich. Unbedingt ausprobieren, der Spaß ist garantiert!

● Museo delle Palafitte del Lago di Ledro, Via al Lago 1, 38067 Ledro, Tel. +39 4 64 50 81 82, www.palafitteledro.it

Herrlich entspannend

79 Porto Vecchio in Malcesine

In Malcesine am Fuße des Monte Baldo dominiert ganz klar der Tourismus. Besonders während der Sommermonate herrscht in seinem sehr sehenswerten historischen Zentrum reges Treiben. Wen wundert es, bei der malerischen Lage direkt am Ostufer des Sees, bewacht von der trutzigen Scaligerburg, die schon den Schriftsteller Goethe 1786 während seiner italienischen Reise faszinierte. Ein Bummel durch die verwinkelten Gässchen des mittelalterlichen Ortskernes, vorbei an Boutiquen, Eisdielen, Tavernen, Bars, Galerien und geschichtsträchtigen Gemäuern mit überwölbten Durchgängen ist ein Muss für jeden Urlauber. Besonders romantisch gestaltet sich die Entdeckungstour während der Dämmerung, wenn sich die Strahlen der untergehenden Sonne mit dem schummrigen Licht der Straßenlaternen vermischen. Spätestens dann hat man sich in den Ort verliebt! Erstaunlicherweise bietet Malcesine – trotz reichlich Jubel, Trubel, Heiterkeit – einige beschauliche Ecken. Der kleine Porto Vecchio (Alter Hafen) an der Piazza Magenta ist solch ein erholsamer Ort der Ruhe mit einzigartiger Atmosphäre. Kaum zu glauben, dass die am häufigsten besuchte Sehenswürdigkeit des Ortes, die Scaligerburg, gleich um die Ecke liegt! Das lauschige Plätzchen ist ein Ort der Entschleunigung, ein Ort zum Verweilen und zum Genießen, ein Ort, der es leicht macht, sich frei und glücklich zu fühlen!

TIPP

Das Caffè Porto Vecchio (Piazza Magenta 8) bietet u. a. leckere Nudelgerichte und Fischspezialitäten.

Früher war diese Idylle das Zentrum des Ortes. Hier landeten die Fischer mit ihrem Fang und zogen ihre Boote über die große Rampe an Land. Danach wurde hier gehandelt und die Ware wechselte ihre Besitzer. Anschließend traf man sich in einer der kleinen Bars rings um den Hafen und tauschte Neuigkeiten aus. Heute dient die Rampe als Sitzplatz mit phänomenalem Seeblick. Aus den kleinen Cafés sind Restaurants geworden. Und statt der Fischerboote ziert heute moderne Kunst den hübschen Platz mit seinem markanten Boden aus Kieselsteinen und alten Olivenbäumen. Einfach Platz nehmen und genussvoll den Blick schweifen lassen. So entspannt man wirkungsvoll!

Porto Vecchio, 37018 Malcesine

Bar Ristorante La Pace al

Leinen los

80 Dampferfahrt auf dem Gardasee

Wer am Gardasee seine Ferien verbringt, möchte den Lago nicht nur vom Ufer aus betrachten, sondern auch das Ufer vom See aus. Um den Lago einmal aus dieser anderen Perspektive kennenzulernen, bietet sich eine Dampferfahrt an. Für den unterhaltsamen Ausflug sollte man mindestens einen halben Tag einplanen. Trinkwasser, Sonnencreme und Kopfbedeckung nicht vergessen, denn an Deck kann die Sonneneinstrahlung ziemlich stark sein! Fast jeder Ort hat seine eigene Schiffsanlegestelle. Man braucht sich nur noch zu entscheiden, mit welchem Boot man fahren möchte. Wer das Tempo liebt, bevorzugt sicherlich die schnellen Katamarane oder Gleitflügelboote. Wer sich aber erholen und die malerischen Orte am Ufer in aller Ruhe vom Schiff aus entdecken möchte, wählt die Mini-Kreuzfahrt, die rund vier Stunden dauert.

TIPP

Etliche private Anbieter bieten auch (teurere) Bootsausflüge an (z. B. Garda Escursioni).

Während der abwechslungsreichen Panoramafahrt schippert man gemütlich vorbei an Malcesine. Das in sich stimmige Ortsbild, überragt von der mächtigen Scaligerburg, bildet vom Wasser eine in sich geschlossene, harmonische Einheit – perfekt! Das gilt auch für den Ausblick auf die andere große Scaligerburg, dem Wasserschloss in Sirmione, das man nun von einer völlig anderen Seite kennenlernt. Pure Romantik verströmt die hübsche Isola del Garda, größte Insel im See. Mit ihrem charakteristischen Schloss ein richtiger Hingucker und beliebtes Fotomotiv. In Salò herrscht reges Treiben an der Hafenmole. Die geschichtsträchtige Häuserfront der herrschaftlichen Palazzi bietet von der Seeseite einen bombastischen Anblick, den man nicht so schnell vergisst. Beeindruckend präsentieren sich auch die Felswände, die ab Limone in nördliche Richtung gleich hinter dem Uferstreifen fast senkrecht in den Himmel ragen. Eine einmalige Aussicht, die man nur vom Wasser aus genießen kann.

Viel zu schnell endet die Mini-Kreuzfahrt auch schon wieder. Mit zahlreichen neuen Impressionen im Gebäck geht es zufrieden, glücklich und erholt von Bord. Was für ein herrlicher Ausflug, danke, lieber Bennie, du Ungeheuer vom Lago, schön war's!

● Navigazione Lago di Garda, Piazza Matteotti 1, 25015 Desenzano, Tel. +39 3 09 14 95 11, www.navigazionelaghi.it

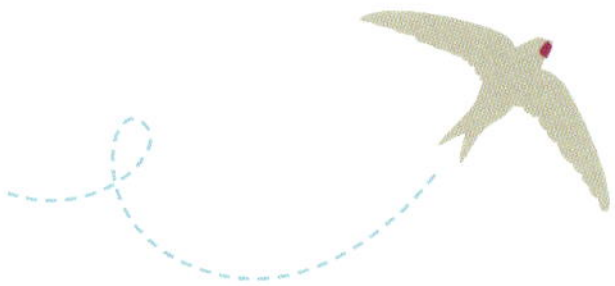

Bibliografische Informationen der Deutschen Nationalbibliothek
Die Deutsche Nationalbibliothek verzeichnet diese Publikation in der Deutschen Nationalbibliografie; detaillierte bibliografische Daten sind im Internet über http://dnb.d-nb.de abrufbar.

2. Auflage 2022
Konzeption/Satz: Droste Verlag, Düsseldorf
Einbandgestaltung und Illustrationen: Britta Rungwerth, Düsseldorf, unter Verwendung von Bildern von © Fotolia.com: jd – photodesign.de; © iStock: Plociennik Robert
Fotos: Heide Geiss, außer:
Ölmühle Manestrini: S. 21; Omkafè: S. 51; www.stock.adobe.com: Anna Lurye (S. 9), Comugnero Silvana (S. 11, 45), tarkvimada (S. 19), terranova_17 (S. 31), Francesco83 (S. 33), Denis (S. 43), adriano (S. 49), VRD (S. 55), galindr (S. 57), murasal (S. 59), Olexandr (S. 61), frrlbt (S. 67), Maurizio Rovati (S. 91), xbrchx (S. 103), world wide photo (S. 105), Sergii Figurnyi (S. 109), dudlajzov (S. 115), Ditlevsen (S. 121), Renáta Sedmáková (S. 123), pwmotion (S. 125), Durch_d_Linsn_gluad (S. 129), Julia Hermann (S. 131), Norbert Suessenguth (S. 133), e55evu (S. 141), stefanotermanini (S. 153), murasal (S. 157), Jan Schuler (S. 163), Electric Egg Ltd. (S. 167)

FSC
www.fsc.org
MIX
Papier aus verantwortungsvollen Quellen
FSC® C011279

Druck und Bindung: LUC GmbH, Greven
ISBN: 978-3-7700-2433-9

www.droste-verlag.de